僕に生きる力をくれた犬

青年刑務所ドッグ・プログラムの3ヵ月

▶NHK BS「プリズン・ドッグ」取材班

ポット出版

僕に生きる力をくれた犬

青年刑務所ドッグ・プログラムの3ヵ月

目次

プロローグ

刑務所で育てられる犬

そよ風が木々を渡り歩き、タンポポをやさしくなでてゆく。やわらかい陽射しが包み込むように降り注ぐ。アメリカ西海岸・オレゴン州の初夏はどこまでも心地よい。

二〇〇九年六月——。

ぼくら取材班はオレゴン州にある「マクラーレン青年更生施設（MacLaren Youth Correctional Facility）」をたずねた。十八歳から二十五歳までの若者（男性）およそ三百人が服役している青年刑務所である。設立は、一八九一年。殺人や強盗、暴行、窃盗、性的暴行などの罪を犯した受刑者たちが、敷地内の九つの寮に分散して、それぞれの寮で規則正しい共同生活を送っている。

州都ポートランドから南へ車で走ること一時間、マリオン郡ウッドバーンにその刑務所はあった。広い道路の脇には家や中古車販売店がぽつぽつと出てくるぐらいで、ほとんど何もないのんびりした田園風景の一角に、広大な敷地が現れた。入り口で星条旗がたなびいている。マクラーレン青年更生施設だ。建物が近づくにつれ、日本人が思い浮かべる刑務所や少年院のイメージとはまるで違うことに驚いた。敷地の中央を広々とし

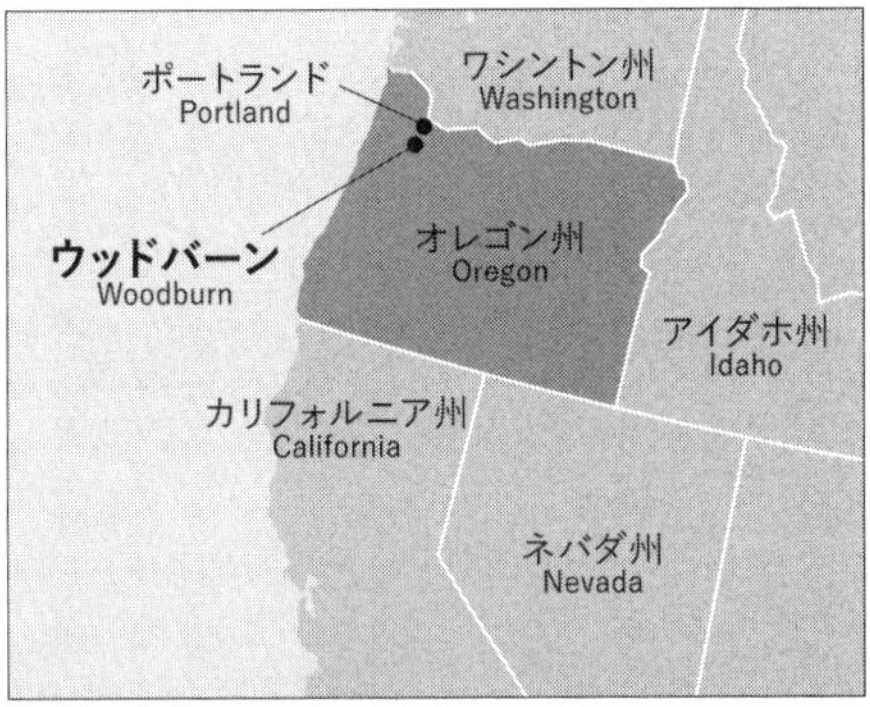

マクラーレン青年更生施設の
入り口前に掲げられた旗。
施設の周りにはほとんど建物もなく、
広々とした草地が続いている。

た道路が通り、その両側には芝生が敷き詰めてある。緑豊かな大きな木が何本も植えられている。

建物は、受刑者たちの寮のほかに、学校、体育館、グラウンド、食堂、病院、広場などがある。病院に隣接して凶悪犯が入る独房もあるのだが、一見すると、大学のキャンパスや公園にでも来たかのような錯覚を抱くほどだった。外界と隔てる壁も、コンクリートではなく金網。外からも中からもお互いの様子が見通せ、閉塞的なイメージはない。

しかし、中に入ると、カメラを抱えたぼくらに対する若い受刑者たちの視線が突き刺さってきた。そのまなざしは、当たり前だが柔和さはかけらもなく、なかにはすごみをもった目でにらみつける者もいて、思わずすくんでしまいそうだった。


ぼくらがマクラーレン青年更生施設を訪れたのは、ここが受刑者更生のために、「ドッグ・プログラム」を実践していると聞いたからだった。

ドッグ・プログラムは、「プロジェクト・プーチ」というNPO法人が運営している。「POOCH《プーチ》」とは"Positive Opportunities Obvious Change with Hounds"の頭文字をとったもので、プーチそのものには、「犬」という意味もある。マクラーレン青年更生施設の敷地の一角で、青年受刑者たちに、プーチが運営するドッグ・プログラム——犬を育て、訓練する課程を通して、受刑者が責任感や社会性などを身につけていくという目的のプログラムが実施されているのだ。

刑務所で受刑者が犬を育てるドッグ・プログラムという取り組みは日本では耳慣れないが、アメリカの刑務所では三十年前から実施されているものだ。はじまりは、一九八一年、元受刑者でもあるひとりのシスター、ポーリーン・クイン（Pauline Quinn）がワシントン州の女子刑務所で始めた。その後、アメリカ全土の刑務所で取り入れられていき、正確な数はわからないが、すでに数十カ所の刑務所で実施されていると聞く。

このマクラーレン青年更生施設でドッグ・プログラムがスタートしたのは、一九九三年のことだ。アメリカでもまだ実施している刑務所が少なかった頃、ジョアン・ドルトン（Joan Dalton）という女性が始めた。彼女は、以前、この刑務所内にある高校の副校長を務めていたが、その後、NPO法人「プロジェクト・プーチ」を立ち上げ、マクラーレン青年更生施設でのドッグ・プログラムの運営にあたっている。最初はひとりの受刑者と一匹の犬からのスタートだった。これまでにこのプログラムを卒業した受刑者はすでに百人を超えている。そして、このドッグ・プログラムを受けた受刑者の再犯率はこれまでのところ、ゼロだというのだ。

犬を育てるだけで受刑者が更生する、本当にそんなことが可能だろうか——ぼくらは、自分たちの目でそれを確かめたかった。

マクラーレン青年更生施設の入り口から一番奥にあるプロジェクト・プーチの敷地に入ると、十一人の若者たちが犬の訓練に精を出していた。

「シット（おすわり）」

「ダウン（伏せ）」

「グッドボーイ（いい子だ）」

犬を訓練する声が聞こえてくる。

プーチ内には、デスクやパソコンが並び個人オフィスを思わせる事務室、犬をシャンプーしたり、ケアするための作業室、木材チップを敷き詰めたドッグラン（犬のリードをはずしてフリーで遊ばせるスペース）、そして犬舎が設けられている。犬舎は、十五頭ほどの犬を収容でき、一頭ずつスペースが仕切られている。ここにいる犬たちは、みな動物保護センターから引き取ってきた犬だ。飼い主に捨てられたり人間から虐待を受けたりして保護された犬を、プーチの代表を務めるジョアン・ドルトンが自ら保護センターに出向き、引き取り、そしてドッグ・プログラムに参加している受刑者に手渡す。

受刑者は、ジョアンから渡された犬を一頭ずつ担当し、約三ヵ月間、面倒を見る。基本的な訓練をつけ、新しい飼い主（里親）のもとへ送り出すのだ。

ぼくらが取材に訪れた日、このドッグ・プログラムのメンバーに新しく、スティーブン、アレックス、ジェフの三人の受刑者が加わることになっていた。
ドッグ・プログラムは受刑者に人気が高い。刑務所の中には、いろいろな職業訓練や授業がある。溶接、園芸、クリーニング、家具や木工品づくり、食堂での調理アシスタント、訪問者をカートに乗せての案内……。そんな数々の職業訓練の中で、ドッグ・プログラムに加わりたいと希望する受刑者はあとをたたないという。

「ここで働いていること自体が、受刑者のみんなから尊敬される。ぼくらは、マクラーレン青年更生施設の中では、もっとも目標にされる集団なんだ」と、あるメンバーがいうほどだ。しかし、犬舎のスペースが限られていることもあり、希望者全員が参加することはできない。プログラム・メンバーの定員は十五名。出所したり、何か問題を起こしたりしてプログラムからはずされ、人員に空きができると、希望者は面接を受けることができる。面接にパスすると、晴れてドッグ・プログラムの一員になれるのだ。一次面接の面接官はプログラムの責任者、ジョアンと刑務所の教官ふたりで、二次面接ではドッグ・プログラムのメンバーたちも加わる。

この日プログラムに加わることになっているスティーブン、アレックス、そしてジェフの三人は、すでに一次面接を通り、まさにぼくらが取材に訪れたこの日、最後の二次面接を受けるところだった。

ぼくらはさっそく三人の二次面接に立ち会わせてもらった。一次面接でドッグ・プログラムのメンバーになることがほぼ決まっているらしく、よほどのことがない限りこの面接で落ちることはないと聞いた。

面接室にスティーブンが入ってきた。スティーブン・モンゴメリー（Steven Montgomery）、二十三歳、白人。誘拐の容疑で逮捕・起訴され、裁判で懲役十五年の刑が確定。入所して四年が経っているが、まだあと十一年もの刑期が残っている。

「自分のどんなところを変えたい？」

面接でジョアンに聞かれ、スティーブンは、「我慢できないところと怠惰なところ。犬それぞれで習得のスピードが違うだろうから、そこで我慢強さを身につけたいんだ」と答えた。

ドッグ・プログラムに入ることになった新人のひとり、スティーブン。

身長はさほど高くないが、坊主頭に短い髭をたくわえ、がっちりした体をしている。威圧感を与えるが、質問に答える様子は丁寧で、口調も柔らかかった。面接官の手元には、面接の様子をチェックする用紙があり、受け答えを見ながら記入していく。

次に入ってきたのがアレハンドロ・ロメロ（Alejandoro Romero)、二十一歳、ヒスパニック系。通称でアレックスと呼ばれている。過失致死の罪で、懲役十五年。入所して四年が経つ。服役して最初の四ヵ月間は、凶悪犯などが入れられる独房に入っていた。あと十一年の刑期が残る。

ジョアンにうながされながら入ってきたアレックスは、短髪の黒髪に、きりりとした端正な顔立ちだが、表情は硬く、伏し目がちで、どこかおどおどしているように見えた。

「あなたはここで何を変えたい？」

ジョアンがたずねる。

「なんて言うか……」

言葉がすぐには出てこない。瞬きを繰り返しながら、言葉を探しさがし、ためらいがちに答え始める。

「……僕は集団で働いたことがないので、うまく人と関係がとれるようにしたい。ときどき人を勝手に誤解してしまうところがあるので、それも直したいと思ってる。ちゃんと人と関係を築きたいんだ」

その後ぼくらは、アレックスへの取材をすすめるうちに、彼がここでそう語った切実さがわかることになる。

そして最後に入ってきたのが、ジェフリー・マルティネス（Jeffrey Martinez）、二十歳、白人。通称ジェフだ。家宅侵入と強盗の罪で懲役六年。入所してから二年で、あと四年の刑期が残る。

ジェフはドッグ・プログラムのメンバーの中では最年少だった。顔つきにまだ幼さが残る、大柄でやや小太りな若者だった。椅子に深々と腰かけ、背にもたれながら、若干ふてくされたような態度である。

ジョアンが、

「苦手なことはある？」

と聞くと、

「汚い仕事かな。したことはないけど、犬のフン掃除はいちばんいやな仕事だね」

と言ってのけた。ぼくらは、この答えを聞いて、ドッグ・プログラムに参加するのにこんな答えをしていいの？と正直ハラハラした。

「自分を辛抱強い人間だと思う？」

「うーん、どうかな。もしいやなことがあって怒ってしまうとしたら、その性格は直したいな」

上がアレックス。下が20歳のジェフ。

三人のなかでは答え方も、答えの内容も、子どもっぽさがまだだいぶ残っているようだった。

この三人の新人には、それぞれ先輩の教育係がついた。スティーブンには通称「JR」がつき、アレックスにはドッグ・プログラムのリーダーでもあるイアン、ジェフにはオーランドだ。

ぼくらは、この三人の若者と犬の訓練を、足かけ三ヵ月にわたって追いかけることにした。取材を始めた時、代表のジョアン・ドルトンが「このプログラムに参加すれば、彼らは間違いなく変わっていくのです」とぼくらに言った。このドッグ・プログラムによって、これまでに百人以上の若者と数百頭の犬の人生が変わったのだと言う。ただ犬を育てるだけで、ほんとうに彼らは変わることができるのだろうか――ぼくらは正直、半信半疑だった。また変わるといってもどう変わるのか、たった三ヵ月でそれを実感できるのだろうか。そんな思いを抱いての取材のはじまりだった。

「新しいメンバーの犬を渡すから受け取りに来て」

プロジェクト・プーチの一角にあるドッグランに、ジョアンの声が響いた。

プロジェクト・プーチ全体の敷地は約八百平米ほど、二百五十坪強の広さだ。ドッグランは周囲が金網で囲まれ、犬が走りやすいように木材チップが敷き詰められている。

　集まったドッグ・プログラムのメンバー、十四人の受刑者の中に、三人の新人がいた。これから彼らが担当する犬が手渡されるのだ。

　新人のひとりスティーブンは、感情をあまり表に出さないようにしているのか、「自分の犬がくるって聞いて楽しみだった?」と聞いても「いや別に、普通」とクールな答えが返ってきた。一方アレックスは、昨日の夜は緊張して眠れなかったらしい。最年少のジェフは「楽しみで楽しみで、待ちきれなかった」といかにもうれしそうに答えた。三者三様の答えぶりで、彼らの個性をかいま見たような気がした。

　まず連れてこられたのが、スティーブンが担当することになる犬。耳が茶色くて体は薄茶と白が混ざったような大型犬だった。

「格好いい犬だね。昔飼っていた犬とよく似ているん

スティーブンが担当することになった犬。「ハンター」と名づけられた。

だ。すごく楽しみだよ」

　スティーブンは、犬を受け取った途端、クールな受け答えから一変して、うれしそうな笑顔で犬のあごの下をなでた。

　担当者は、自分の犬に好きな名前をつけることができる。スティーブンは「ハンター」と名づけた。外見が猟犬のようだから、というのが命名の理由だった。

　次に連れてこられたのは、フラッテッド・レトリバーのような黒い大型犬だった。担当するのはアレックス。緊張した様子ながらも、うれしそうにリードを受け取ると、

「初めての犬だから、気をつけて見てあげないとね」

と優しい笑顔を見せた。

　アレックスが子どもの頃、お菓子のオレオが大好きだったから、つけた犬の名前は「オレオ」。黒い犬にぴったりの名前だ。


アレックスが担当することになった犬。オレオと名づけられた。

そして最後は、茶色い短毛の中型犬がやって来た。この犬をまかされたのが、新人の中でもっとも若い二十歳のジェフ。

心待ちにしていた犬に対面したジェフは、「犬が来てどんな気持ち？」と聞くと、ちょっとはにかみながら、「もちろん、うれしいよ。緊張するけどね」と答えた。

ジェフの犬は「ジギー」と名づけられた。

ジャマイカの伝説のレゲエ・ミュージシャン、ボブ・マーリーの息子ジギー・マーリーからとった名前だった。「ジギーの音楽が大好きなんだ。ジギーやボブ・マーリーのようにおだやかになってほしいから」とジェフはうれしそうに言う。きっと名前は犬に会う前から決めていたのだろう。

スティーブンとハンター、アレックスとオレオ、ジェフとジギー、三人の新人と三頭の犬の生活がこれからいよいよ始まる。

ジェフが担当することになった犬。ジギーと名づけられた。

一　スティーブンとハンター

「伏せ」までの七日間

ぼくらは、六月、八月、そして九月と三ヵ月にわたり、それぞれ約十日間ずつ取材を行った。新人のスティーブン、アレックス、ジェフの犬の訓練を中心に、その他のメンバーたちへのインタビューも重ねながら、ドッグ・プログラムの日々を追いかけていった。

初日でクールな印象を受けたスティーブン・モンゴメリーは、二十三歳。怒ったり、笑ったりといった感情を表に出さないほうがかっこいいと思っているような節があった。無愛想というほどでもないのだが、ほかのメンバーたちと一緒に談笑している光景はあまり見かけなかった。

スティーブンとハンターの訓練を追いかけつつ、合間を見て少しずつ話を聞いていったのだが、「俺は人とすぐには打ち解けられない」とスティーブンがのちにぼくらに語ったように、なかなか打ち解けるまでに時間がかかった。

スティーブンが育ったのは、レイクビュー。オレゴン州の東南、カリフォルニア州に近い山あいに位置する人口二千人の小さな町だ。両親はスティーブンが生まれる前に離婚していて、姉と二人で母に引き取られた。その後、母親は再婚。再婚相手との間に、妹と弟が生まれた。

——家族との仲は？

「もちろん、家族とは仲がいいよ。父は働き者でね。週末も働くんだよ。建設関係の仕事なんだけど、ときどき重機やトラックも運転もするよ。母は自由人でね、あっちこっち気ままにどこでも行ってた」

のちにスティーブンの父親にインタビューしてわかったことだが、父は、スティーブンが生まれた時は刑務所に入っていた。出所後もスティーブンの母がなかなか会わせてくれず、スティーブンが十歳になる頃にようやくちょくちょく会うようになり、少しずつ親子の関係を築いていったのだと言う。

——小さい頃の暮らしはどうだった？

「シングルマザーだったから大変なこともあったけど、楽しかったよ。カリフォルニアへ旅行にも出かけたし」

——学校はどうだった？

「たるんでたかな。学校に通うのは好きだったんだけど、勉強は嫌いだった。学校に行っても友達と遊んでばかりでさ。単純に学校がつまらなかったんだと思う。友達はたくさんいたけど、学校にはいたくなかったな」

――さぼってた？

「時と場合によるけど、ときにはさぼったね。でもそれは普通じゃない？」

成長するにしたがい、友達とパーティーや酒を飲みに行き始め、やがて、大麻や麻薬にも手を出すようになったと言う。

「ドラッグにハマって、毎日浴びるほどお酒を飲んで、けんかもしょっちゅう。暴力的なヤツだった。それが、昔の自分。いま、振り返ってみると、自分自身とても恥ずかしいと思う。俺はいつも、仲間を次の段階に引っ張っていく男だったんだ。酒も人より多く飲んだし、大麻も人より強いのを吸ったり」

――エスカレートしていったってこと？

「ああ、エスカレートして、エスカレートして、結局最後はボロボロになった」

そしてスティーブンはギャングの一員になった。ギャングといっても本格的なマフィアではなく、日本で言えば不良グループのようなものだ。ただアメリカの場合、そういう不良ばかりで倉庫などで暮らし、家にも帰らず学校にも行かずに恐喝や窃盗を繰り返して日々を送るケースも多い。

ギャングになったスティーブンは、学校にも行かず、ドラッグと酒にはまり、ケンカに明け暮れた。そして十八歳の時逮捕された。

——何の罪でここに来たの？

「誘拐さ」

刑期は十五年という重いものだった。

——誘拐について少し詳しく聞いてもいい？

「話したくないな」

スティーブンはそうひとこと言っただけで、すぐに話題を変えた。

「ここに入ったばかりの頃は、怒りを制御するのが大変だったけど、辛抱するということを学んで高校も卒業できた。ここに入ってからいろんなことを学んだよ」

——刑務所で高校を卒業したの？

「そうだよ。大学は行ってないけどね。このプログラムに参加することで、もっと人間的に成長したいと思ってる。まだたまにイライラしてしまうことがあるからね。他人とのコミュニケーションを築きあげられるようになりたいね。俺は人と仲良くなるには、ちょっと時間がかかるんだ」

生い立ちやドッグ・プログラムにかける意気込みについては、淀むことなく答えてくれたスティーブンだが、刑務所に入るきっかけになった事件については、いっさい話してくれなかった。その口調はきっぱりとしたもので、ぼくらもそれ以上問いかけることはできなかった。それだけ思い出したくない出来事だったのかもしれないし、まだ自分の中で解決ができていないのかもしれないと感じた。

さっそくハンターのトレーニングを開始したスティーブンは、まず最初に「伏せ」の訓練に取り組んだ。犬に何から教えていくかは、犬の様子を見ながら受刑者が自ら決めることになっている。

「こいつは物覚えはいいと思うよ」

と、最初は自信ありげだった。訓練はさせていなかったものの、子どもの頃に何頭か犬を飼っていたのだ。大型犬のグレート・デンがいたこともあったと言う。

だが、実際に始まると、スティーブンが思っていたほど簡単にことは運ばなかった。ハンターは、「おすわり」はすぐにできたのに、「伏せ」がどうしてもできない。

スティーブンが、ハンターの前にかがみ、えさを顔の前の床に置く。それをだんだん遠ざけながら、

「ダウン（伏せ）、ダウン」

と声をかける。えさに顔を寄せれば自然と「伏せ」をすることになるはずなのに、ハンターは顔を寄せても「伏せ」をする前に上げてしまう。

ほかのメンバーが加わってふたりがかりで声をかけたり、脚を引っ張って寝かそうとしても、うまくいかない。

「イアンがやってみてくれ」

仲間が声をかけた。イアン・ヒルはこの時二十三歳。経験豊富なドッグ・プログラムのリーダーだ。にっこり笑ってハンターに近づくと、右手にえさを持ってハンターを誘った。横にしゃがんで、真剣な眼差しで見つめるスティーブン。しかし、何度かトライしても、ハンターは「伏せ」をしない。ベテランのスキルをもってしても容易にはいかなかった。やがてあきらめたイアンは、

「何度もやり続けるんだな」

とスティーブンに告げた。さじを投げたというより、「お前ががんばるんだよ」とバトンを渡したような口調だった。


ハンターは飼い主に捨てられ、保護センターに保護されていた犬だ。子犬の頃にしつけられていないと、成犬になってもなかなか人の言うことを聞かず、しつけに時間がかかる犬もいる。むしろ、しつけの前にまず人間との信頼関係を結ぶことから始めなければならない場合もある。飼い主に虐待を受けていて人間を見るとおびえてしまう犬には、人間の言うことを聞く前にまず人間が怖くない存在だということを伝えていかなければならない。幸いにもハンターの場合は、虐待を受けた犬ではなかったようで、おびえた様子も威嚇する様子もない。「おすわり」も、すぐにできるようになった。しかし、そ

の先の「伏せ」がなかなか理解できないようだった。

スティーブンは根気よく、毎日「伏せ」のトレーニングを続けていたのだが、ある日、同じ訓練の繰り返しにハンターが根をあげてしまったのか、できていたはずの「おすわり」もしなくなってしまった。

「イライラするね。午後の訓練ではもう少し反応してくれるといいんだけどね」

この頃、スティーブンもまた、いつまでたってもできない「伏せ」の訓練に疲れてきた様子で、いつもため息ばかりついていて、相当イライラしているのが見て取れた。何度言っても聞いてくれない。いや聞いてくれないのではなくて、ハンターは聞いているのだが、「おすわり」のあとどうしていいのかわからないのだ。

相手は犬だ。いままで人間にしてきたように力づくでなんとかなるものでもなく、自分の苛立ちを一生懸命押さえようと我慢している様子だった。

自分に何かを言い聞かせるようにぼそぼそとつぶやいたあと、ハンターに向かって、

「大丈夫、きっとできるからな」

と声をかける。そんなスティーブンとハンターの姿を、この頃ぼくらはたびたび見かけた。

ある時、スティーブンの目の前で、仲間が自分の犬に命じた。「ダウン」。さっと「伏せ」をする犬。

「俺の犬ができないから、わざと目の前でやるんだろ」

スティーブンは苦笑しながら、冗談まじりにそう言った。

「伏せ」の訓練は、毎日二時間にも及んだ。えさに釣られて頭を下げるものの、「伏せ」まではできないハンター。声をかけたりリードを軽く引っ張ったり頭をなでたり。この訓練に、スティーブンは相当な忍耐力を求められたようだった。


伏せの訓練が始まってすでに四日目。スティーブンのイライラは募っているが、ハンターはまだ伏せができない。

訓練の合間にドッグランで遊ぶハンターを見ながら後ずさりしていたスティーブン。後ろにあった大きな水槽に気づかずに、あっという間もなく、背中から水槽の中にこけてしまった。グレーのTシャツとジーンズがびっしょり濡れる。

「大変だな」と揶揄する仲間の声に、

「これじゃあ、犬より俺のほうが楽しんでるみたいだな」

Tシャツの裾を絞り、笑いながらスティーブンが返した。ふだんクールなスティーブンには珍しい破顔だった。伏せができないというイライラはある一方、日々ドッグランでともに走り、ハンターの世話をしていくなかで、スティーブンの表情はずいぶんと和らいできたような気がしていた。

スティーブンの教育係のJRが、こう言った。

「スティーブンは慣れてきたから、笑顔が増えてきたね。この調子で訓練していけばいいんだよ。このプログラムは、幸せにつながっているんだから」

犬舎に戻るとスティーブンは、ハンターの頭をなでながら、

「また明日がんばろうな」

と二度繰り返した。


スティーブンをドッグ・プログラムに誘ったのは、教育係のJRだった。長い髪を後ろで束ねたJRは南カリフォルニアで育った。父親は刑務所を出たり入ったりしており、彼自身は祖母に育てられた。十一歳の頃、祖母が他界したので母と暮らすようになったが、その頃からほとんどストリート暮らしだったと言う。新しい洋服が欲しければ、ステレオを盗んでお金に換えて、服を買う。「欲しいものは、盗んで手に入れた」と言う。

スティーブンの教育係、JR。

事件当日は無性に苛立っていて、通りすがりの人に因縁をつけ、持っていたドライバーを首にあてて、金を奪った。強盗傷害の罪で五年十ヵ月の刑期がくだった。盗んだお金は五ドル。「たった五ドルで五年十ヵ月さ」

「あの頃の俺は自分勝手だった。感情なんて何もなかった。このプログラムに入って学んだんだ。自分の感情、人の感情、責任感、尊敬、我慢、そして思いやり。この二年間、本当にたくさんのことを学んだよ」

自分と似たような境遇に育ったからだろうか、JRはスティーブンがドッグ・プログラムに入る前から面倒をよく見ていたと言う。そしてスティーブンにもドッグ・プログラムに入って幸せな気持ちを持ってほしい、そう思って、スティーブンを誘ったのだった。

スティーブンは入所してからも、怒りをうまく制御できず、何度もケンカ騒ぎを起こしている。いつも周囲に気を張って過ごす、そんな日々を送っていたと言う。

ぼくらが、「刑務所にいていちばん辛いことは何か？」とスティーブンにたずねた時、「幼い弟妹の成長をそばで見届けてやることができないのが辛いね」と答えたあと、「ここはサバイバルなんだ。いつも背後に気をつけていなくちゃいけない。何が起こるかわからないからストレスがたまるよ」

とつぶやいた。

マクラーレン青年更生施設は、オレゴン州周辺の罪を犯した若者たちが集まる刑務所である。凶悪犯もいれば、敵対関係にあったギャングのメンバーもいる。刑務所の中といえども、緊張が強いられる空気は想像にかたくない。

そんなスティーブンがJRのすすめで、ドッグ・プログラムに参加し、他人に無邪気な笑顔を見せるようになったことは、JRにとってもうれしいことだったに違いない。


ハンターの訓練を始めて五日目。スティーブンは、えさをハンターが大好きなソーセージに替えて試してみた。犬舎の中で、小さくちぎったソーセージを顔の前に置くが、それでもやっぱり「伏せ」はできない。

そして、七日目。この日のハンターはいつもと違った。えさにつられて顔を前に伸ばし、前脚を曲げる。上体が落ちる。

「あと少しだぞ」

スティーブンが励ます。だが、ここでお尻から体が起きて

ハンターに何度も「伏せ」を教えるがうまくいかない。

プロジェクト・リーダーのイアンがやってみても、だめだった。

しまった。粘り強くやり直すスティーブン。えさを顔の前から少しずつ引く。すると、ついにハンターが、前脚を折り曲げてお腹を床につけたのだ。

「グッドボーイ！　できたじゃないか！」

スティーブンの声が上ずっていた。そして、ぼくらのほうを見上げると、何とも言えない優しい笑顔を見せた。ぼくらもうれしかった。ハンターはハンターでスティーブンになで回され、「そうか、こうすればいいんだ！」というような顔をしているように見えた。

スティーブンは意気揚々と、ドッグ・プログラムの事務室へハンターを連れて行くと、そこにいた仲間たちの前で「伏せ」を披露した。イアンが見守る前で、ハンターは、もう失敗しなかった。

「完璧だな。昨日までできなかったのに、よくがんばった」

イアンが感心し、ハンターの顔を両手で包み込む。

ジョアンもやって来ると、黒い博士帽のようなものをハンターにかぶせた。

訓練から7日目。初めてハンターが「伏せ」をして、めったに見せない笑顔のスティーブンと、ジョアンからお祝いの帽子をかぶせられて神妙な顔をするハンター。

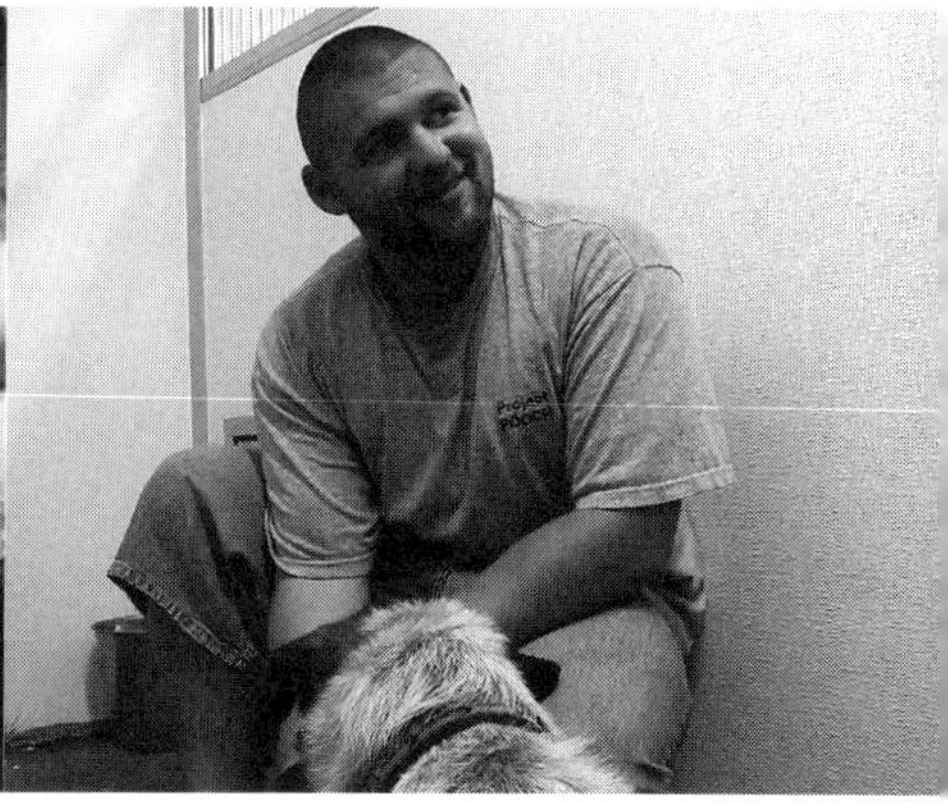

「お祝いの帽子よ。とってもキュートね」

スティーブンは事務室を出ると、センターの前の広場へ行った。ベンチに腰掛け、おすわりしたハンターの頭から背中にかけて何度も手を滑らせながら、こうねぎらった。

「よくがんばったな。大変だったろう。いい子だ……」

こうしてスティーブンとハンターは、ひとつの壁を乗り越えた。

ジョアンは当初、スティーブンがこのドッグ・プログラムに適しているとは思わなかったと言う。

「来るなら来い！　俺は戦ってやるぜ！　みたいな雰囲気でね。髭もはやしていて、いかにも囚人っていう感じだったのね。このプログラムには、外部からの訪問者も多い。ここにはそぐわないなと思っていたら、髭を短く刈り込んできたの。よくなったわ。スティーブンはすべてがうまくいかないとすぐにイライラしてしまうところがあるし、自信家なんだけど、自分には知らないことがたくさんあるということはわかっている。だから、もうちょっと柔軟になって大人になってほしい。いまは心のうちを見せないけど、彼の感情が出てくるとうれしいわね」

たしかにぼくらも、初対面では三人の新人のなかでいちばん怖さを感じた若者だった。しかし、日を重ねて接していくうちに、徐々に態度が柔らかくなり、口数は少ないけれども、芯は優しいんだなと感じるまでになってきていた。ジョアンも当然それはわかっていて、もっと感情を表に出してほしいと願っていた。

スティーブンは「伏せ」ではなみなみならぬ苦労をしたが、ハンターとの信頼関係は着実に築いているようだった。プログラムメンバーの輪とはずれた場所で、ひとりハンターに向き合い、静かに何かを話しかけているスティーブンの姿を何度か目撃した。

一週間がすぎた頃、このプログラムに参加した感想をスティーブンにたずねてみると、

「犬は話し相手にもなるし、一緒にいると落ち着くんだ。友達や恋人がそばにいてくれる、そんな感じだね。いまは犬に救われているよ。あんまり先のことは考えないようにしているんだ。犬と一緒にいる時は、時間を忘れるぐらい。ほかの誰かを幸せにしてくれるような犬になってくれればいいなと思う」

犬に救われている――これは、ドッグ・プログラムに参加しているメンバーたちみんなの気持ちかもしれない。いつも背後に気をつけていると言ってピリピリしていたスティーンの心に、初めて穏やかな時間が流れ始めているようだった。

二
アレックスとオレオ

犬から始まるコミュニケーション

取材を始めて間もないある日、寮での朝食に同席させてもらったぼくらは、ドッグ・プログラムに入った新人のひとりアレックス・ロメロが、みんなのたわいない会話にも入らず、ひとりブリック・パックにストローを差してうつむき加減で飲んでいるのを目にした。

アレックスのことはときどき気になっていた。寮にいても、ドッグ・プログラムでメンバーと一緒に過ごしていても、ほかのメンバーとの会話にはほとんど加わらないのだ。いつもうつむき加減で、いつの間にかスーッと姿を隠し、ひとりでいることが多い。それは、みなに混ざりたくない、ひとりが好きという積極的な態度ではなく、見ていて気の毒なほど、周りを気にし、自信がなさそうだった。ときどき、誰かに近づいては、声をかけようとするのだが、なかなか声が出せず、とりあえず作り笑いをしながらその場にいる。けれどもそのうちに、誰にも相手にされないことに耐えきれなくなるのか、ひとりでどこかへ行ってしまう。

アレックスは面接の時、ドッグ・プログラムに参加して「みんなとコミュニケーションがとれるようになりたい」と言っていた。本気でそう思っていたのだということが、取材を重ねるうちにぼくらにも実感できた。

また、ほかのふたりとは違って、最初の頃は犬に対してもどう対応していいかわからない、というふうだった。集団に入れず、ひとりで姿を消しても犬のところに行くわけでもなく、所在なさげに広場でぼーっとしている。「犬と過ごして彼らは本当に変わるんです」と代表のジョアンは言っていたけれども、「ほんとにアレックスに変化がおとずれるのだろうか」。ぼくらはそう思わずにはいられなかった。

アレックス・ロメロ、二十一歳。過失致死で懲役十五年の刑を受けた。オレゴン州北部にあるビーバートンというスペイン人街で育つ。六歳の時、両親が離婚。アレックスは妹ふたりとともに母に

プログラム参加初日、オレオのリードを持つ表情もまだかたいアレックス。

育てられた。歳の離れた兄ふたりは、すでに家族とは別に住んでいたと言う。

——お母さんはどんな人？

「愛情にあふれていて、僕らを育てなきゃという責任感の強い人だよ。ただ、三人の子どもを抱えて毎日フルタイムで働いていたので、とても疲れていた。バランスを取るのが難しそうだった」

——どんな子どもだったの？

「高校までは成績もよかったんだけど、だんだん学校はどうでもよくなってきて、酒やドラッグをやってるほうが楽しくなった。でもいつもいつもそんなことをやってたわけじゃない。兄貴やいとこたちは、俺がそれ以上悪いことに手を染めることをすごく嫌ったんだ」

兄やいとこたちはすでにギャングの一員となっていたが、決してアレックスを自分たちの仲間に近づけようとはしなかったと言う。

——みんなあなたのことを気にかけていたんだね？

「うん、そうだと思う。犯罪にいたるような悪さはしなかったけど、酒やドラッグに深くはまっていって、悪いことをやってるという意識がどんどん薄れていった」

——周りの人たちのことを気にしなくなった？

「そうだね。家族のことは気にしていたけど、それ以外の連中のことはもうどうでもよくなった。学校の先生も俺を救い出そうと手を差し伸べてくれたんだけど、そんなの必要ないって思ってた。サッカーチームのコーチも、お互いに歩み寄って解決策を考えようと言ってくれたけど、俺はそんなのどうでもいいよ、チームなんて辞めてやるよって。サッカーもどうでもいい。高校もどうでもいい、そうやって俺はドロップアウトしてしまった」

事件は二〇〇四年秋、アレックスが十六歳の時に起きた。

離れて暮らしていた兄が、ビーバートンを訪ねてきた日のことだ。母が営む洋品店に顔を出した後、兄と落ち合った。兄といとこと三人で夜道を歩いていると、大柄な男が車から降りてきて兄に難癖をつけ始めた。ふたりは顔見知りで、ふだんから女性のことなどをめぐっていざこざがあったのだ。男は兄を地面に蹴り倒し、罵声を浴びせた。そして、傍観していたアレックスにも矛先を向けた。

「おまえもやられたいのか?」

当時のアレックスは体重六十三キロ。これに対し、男は九十キロ以上ある巨漢だった。アレックスはふだんは男を怖がっていたが、この日はナイフを持っていた。それを取り出すと、兄と自分を守るために、男を繰り返し刺していた。

「殺すつもりじゃなかったのに、彼は死んでしまったんだ……。とても落ち込んだ。生き返らせられるなら、彼を元に戻したいと願った。この出来事をどうやって乗り越えていいかわからなかった……。いまも毎日考えている……」

アレックスは、伏し目がちに訥々と事件について語った。

「昔からシャイだったけど、あの日以来、もっと人と話せなくなってしまったんだ。ここに入所して四ヵ月は独房に入っていた。一日のうち二十三時間は入れられていた。一時間だけ出られたけど。ひとりきりで過ごす時間がすごくあったんで、いろんなことを考えたし、その頃から、なんでも自分のなかで解決する癖がついたのかもしれない。何かをする前に、状況を考えるようになった。何をすべきか、行動を起こす前に考えるようになった。考えなしに行動を起こすと、トラブルに巻き込まれるから。だけど、考えるようになったから、あまりしゃべらなくなったんだ」

インタビュー中、うつむいたまま、ぼくらとほとんど目を合わさないアレックスの姿は痛々しかった。殺人という思わぬ結果を招いてしまったことの重さに、四年たったいまも絶望感がぬぐえないようだった。

——刑務所でいちばん楽しいことは何?

「筋トレかな。たまったエネルギーを発散させたり、リラックスするために筋トレはけっこうやるよ」

——リラックスするように心がけてるんだね。

「うん。最初の頃はまだ子どもだったし、いろんなことの対処の仕方がわからなかった。

ケンカもしたよ。最後にケンカしたのはもう三年くらい前だけどね」

――ドッグ・プログラムに入ってどんなふうに変わりたい？

「俺にはコミュニケーション能力が欠けていると思う。知らない人に心を開くことが簡単にできないんだ。それが俺の欠点だと思う。ここにはこれまで会ったことのないような人が犬を見に来るから、そういう人たちとも会話をすれば、自分も進歩できると思う」

――なんでそんなに心を開くのがむずかしいと思う？

「そうじゃなかった時の自分っていなかったと思うよ。物心ついた時から、ずっとこうだからね。シャイなんだよね。十六歳くらいの頃からだったと思うけど、周りの人たちにも、誰でもすぐに信用してはいけないって言われたしね。ここ五年はそういった面が特に出てるかもしれない」

――助言は友だちからだったの？

「ああ。周りの友だちとかからだね」

――別に人とのつき合いがしたくないわけじゃないんだよね？　人とのつき合いはしたいんだよね？

「そりゃそうだよ。知らない人のところに行って、『ヘイ』とか声をかけるようなことはしたくないけど。時間はかかるけど、みんなとうまくやっていきたいしね。そのほうが自分にとってもやりやすいしね。基本的にはどんな人ともうまくやっていきたい。けど、誰にでも心を開くわけじゃないよ。相手を時間をかけて知っていくんだ」

——より相手のことを知ろうとしているんだね。

「ああ」

自分の弱点は人に心を開けないことだというアレックス。人とコミュニケーションを取れるようになりたいという言葉は繰り返し何度もアレックスの口から出てきた。刑務所は、親しかった友人や家族とも離れ、孤独を抱える場所でもある。ましてやアレックスの場合は、独房に入れられ、事件のこと、家族のこと、これからの人生のことを考えて悶々と過ごした。ドッグ・プログラムに入ったからといって、そう容易くはいかないだろう。が、人とコミュニケーションをうまく取れるように自分を変えていきたいという彼の強い気持ちは、よく伝わってきた。

アレックスが「オレオ」と名づけた犬の担当になって数日たってからだ。それまでは集団を離れてひとりでぼーとしていることが多かったアレックスが、少しずつ犬舎に足を向け始め、オレオと過ごす時間が増えるようになってきた。アレックスとオレオとの関係づくりがようやく始まったようにぼくらは感じた。オレオは、捨てられていたとはいえ、アレックスが近づいたり、体を撫でてやるだけで、舌を横にたらしてうれしそうにしっぽを振る人なつこい犬で、ほかの三人ほど犬に慣れていないアレックスにはぴったりの犬だった。ただ、えさを食べている時には、アレックスが近づいただけで、ウーと唸るし、アレックスに甘えることはできても、指示を聞くことはなかなかできなかった。

そんな時、ちょっとした事件が起こった。芝生を散歩中に、誤ってリードがはずれた別の犬が突然オレオを襲ったのだ。激しい犬の襲撃に、おびえた鳴き声を発しながらオレオが逃げまどう。アレックスはうろたえながら、必死にオレオをかばおうとするが、うまくいかない。襲った犬を担当する若者も必死になって押さえつけようとするが、興奮した犬を押さえつけるのはそう簡単ではなかった。しかも大型犬だ。ようやく犬は担当者に力づくでつかまえられたが、オレオは恐怖のあまり、落ち着きを取り戻せない。腰が抜けたようになって、アレックスに引きずられるように脇道に避難する。アレックス

散歩の途中、突然一頭の犬がオレオに襲いかかった。

は心配そうに「大丈夫か？　ケガはないか？」とオレオを気遣ったが、アレックスもまたどうすればいいかわからず動揺している様子だった。ほかの仲間たちも心配そうに見守っている。

その一連の出来事を見ていたジョアンがアレックスに近づき、声をかけた。

「さっき、あなたは何をしてたの？」

「犬を引き離そうと間に入ろうとしたけれど……」

「自分の犬が危険な目に遭っているのに、どうしてちゃんと守らないの？　あなたしか、オレオをすぐに抱き上げることはできないのよ」

と抱き上げる仕草を見せてから、

「誰も助けてくれない時だってあるわよ」

と続けた。

ジョアンに諭され、アレックスは伏し目がちに、

「わかったよ……。ありがとう」

と答えたものの、その声は消え入るような小ささだった。

自分の犬は自分で守る。そのジョアンの言葉は、あなた自身が犬を育てているんだという責任感と、より強い自覚をうながすものだった。

オレオと一緒に事務所に戻ったアレックスは、襲われたオレオに怪我がないか、ドッ

グ・プログラムのリーダー、イアンにみてもらった。イアンがそっとオレオの体を触る。オレオもまだショック状態だ。イアンの手にもおびえたように体をびくつかせる。「大丈夫だよ」とイアンが優しく声をかけながら、オレオにかまれたあとがないかを手でさぐっていく。「大丈夫だ、怪我はしてないようだ」とイアン。犬を扱う手つきは慣れたものだった。

イアンは、この三年で十一頭の犬を育てている。ほかのメンバーにアドバイスする時の穏やかな口調からは想像もつかなかったが、刑務所に入るまでのイアンは、本人が語るようにまさに「破滅的」な人生だった。

イアン・ヒル、二十三歳。七歳までカリフォルニア州ロサンゼルスに住んでいたイアンは、マクラーレン青年更生施設の受刑者には珍しく、幸福な少年時代を送っていた。父はおおらかで、どこに出かける時も一緒に連れていってくれた。地元の公園やお祭り、ゴルフ、国境を越えたメキシコの街・ティワナへの観光……、十二歳の時には家族でヨーロッパ旅行も楽しんでいる。

ところが、思春期を迎える頃から、自分が何者かを見いだせなくなり、いつも苛立ちを覚えるようになった。両親ともよく激しい口論になり、家族をバラバラにしてしまうような感じだったと言う。

中学ではアメリカンフットボールのクラブに入った。シーズン中は勉強をしないとメンバーから外されてしまうので、その間は学校にも通った。だが、シーズンが終わると学校もさぼりがちになり、とうとう強盗などの罪で少年院にも送られてしまった。

高校に入っても、学校へは行かず、不良仲間と街を徘徊し、酒、マリファナ、麻薬に溺れた。足を踏まれただけで、相手を殴る蹴る。イアンの頭に残る傷は鉄パイプで殴打された時のものだ。銃で撃たれたことさえある、と言う。

「あの頃の俺は、身の周りの誰よりもタフでワルになろうと思ってたんだよ」

とイアンが自嘲的に言う。

強盗を繰り返す日々がついに破綻したのが二〇〇四年の夏だった。麻薬を買うお金ほしさにイアンは、知人とふたりで女性を襲い、ナイフで刺してしまった。強盗と傷害で有罪。マクラーレン青年更生施設へ送られることになった。

「破滅的な日々を送り、人を傷つけて、格好つけてたのさ。そういった生き方を自慢げに話す人もいるけれど、あんな人生は、俺は肯定できない。ここに入って二年半が過ぎた時にそのことに気づかされたんだ」

——ドッグ・プログラムに参加して変わったことは何かある?

「自分の中で情熱が芽生えた。それと、世の中には自分以上に大切なものがあるんだ、という見方ができるようになった。自分が中心なのではなく、自分は大きなものの一部、パズルのピースなんだと。辛抱強くもなった。ここに入る前は、間違いなく、辛抱するなんてことはあり得なかったけれど、いまは自分の思い通りにならなくても我慢できるし、待つこともできる」

——辛抱強さはどんなふうに学んだの？

「最初の犬さ。七歳半になっていたのに、そいつは食べる、排泄する、寝る以外のことは何も知らなかった。教えればすぐ身につくと思ってたんだけど、全然だめだった。おまえの犬は本当に何もできないなとからかわれたりして、犬よりも俺のほうがストレスがたまってね。でも俺にとってはそれがいい経験になったことは間違いない」

イアンは、とても里親に引き渡せないであろうと思われていた犬を、温かい家庭に送り出すことができた。

「今回、新しくきた犬たちを見て、すべての犬が同じペースで学ぶとは限らないってことを久しぶりに思い出したよ。どの犬もみんな違うし、犬それぞれのペースがあるんだ。時間がかかる犬もいる。だからここにいるやつらによく言うんだ、とにかく『辛抱強く待てるようになれ』って」

そうやって一頭一頭育てていくなかで、イアンは自分の

アレックスの教育係イアン。
プログラムの
チームリーダーでもある。

怒りを押さえることを身につけてきた。

「このプログラムに参加できなくなったら、どうしていいかわかんないよ」

ドッグ・プログラムがいまの自分にとっていかに大切なものかをイアンは何度も強調した。

――じゃあ、疲れて飽きちゃうなんてことはないんだね？

「ないさ。犬と一緒にいるのも好きだし、働いているやつらも好きだし、上司と一緒にいるのも好きだ」

イアンの刑期は残り三年あまりだ。

「犯罪歴は残ってしまうから、完全にキレイになるわけじゃないけど、出所したらそれに近い生き方をしようと思ってる。軍隊に入るんだ。社会に恩返ししていきたいんだ。自分が住むコミュニティ、州や国のルールや法律に従い、生きていく。もう破滅的な人生を送りたいと思わない。それはあまりにも自分や周りの人を傷つけてしまうからね」

イアンは、ドッグ・プログラムを実質的に運営しているのは、自分たち自身だという自負を強く持っている。ジョアンやドッグ・プログラムに関わる刑務所のスタッフに細かく指示されなくとも自らすすんでメニューをこなすんだ、と誇らしげに教えてくれた。

「新人が入ってきてやることがわからずウロウロしているだろ。そういう時は、手取り足取り教えるんじゃなくて、ここにはこういう道具があるから、それを使ってこういう作業をしろ、と言うだけ。外の世界にいるように、お互いを責任ある大人として扱うんだ」

リーダーとしてドッグ・プログラムの取り組みを支えてきた自負が、外の社会に出てやっていけるという自信につながっているようだった。

イアンに限らず、長くこのプログラムに参加しているメンバーに話を聞くと、出所したら、自分のように道をはずれた若者たちを導く仕事をしたい、犬の保護・訓練に関わる仕事をしたい、社会のために何か貢献したいと話す若者が多かった。自分が変わりたいだけじゃなく、人のために何かをしたい、と思わせるものがこのドッグ・プログラムにはきっとあるに違いない。

マクラーレン青年更生施設には週に一度、面会日がある。ぼくらが取材している時、ちょうどイアンの母リンダ・ヒルが犬を連れて訪ねてきた。

リンダは四十五歳。ドッグ・プログラムの事務室で母を迎えたイアンがにこやかに声をかける。

「お母さん、元気？」

それからふたりはやさしくハグしあった。

リンダが連れているのは、ドッグ・プログラムでイアンが育てた犬だ。ビーグルに似ているオスの雑種で、名前はアネット。イアンはしゃがむとアネットの顔の周りを何度もなでた。「元気だったか？」。アネットも前脚を上げてイアンにじゃれついている。

「アネットはどう？」と顔をあげてイアンが母リンダに聞くと、

「すごくいい子にしてるわよ。リードをまだ引っ張っちゃうけどね」とリンダが答えた。

それからふたりはアネットも連れて事務室を出て、日本庭園風にしつらえられた庭のベンチに並んで腰掛けた。このあたりにはリスが多く生息していて、カサカサと音も聞こえる。イアンが座ったベンチに目をやって、

「これ、リチャードたちと一緒にプロジェクトで作ったんだよ。めちゃくちゃ重いんだけどね」とリンダに話しかけた。

「大理石でできてるのね。すごい素敵じゃない」

日本庭園風の庭も、暇を見て、ドッグ・プログラムの仲間とともに自前でつくったものだ。

「こういう作業ってみんな交代でやってるの？」

「いや、グループが決められてるんだよ。俺はいまはトレーニングビデオを作ってるんだ。アダモと一緒にやってるのさ」

親子の何でもない会話にくつろいだ時間が流れる。

リンダによると、イアンは小さい頃、飼っていた犬と親友のように仲が良かった。だ

が、ティーンエイジャーになる頃にその犬が死んでしまい、家には犬がいなくなった。

「だから（イアンが）非行に走ったのかもしれないわ」

と、ふたりを撮影していたぼくらに向かって、リンダが話し始めた。

「親として子どもがこういう場所に入っているのはつらいことです。イアンにとっても最初の一年は、現状を受け止めることで頭がいっぱいでした。でも、イアンは変わったわ。以前のようにイライラしないし、ここで、自分の中にやすらぎを持てるようになったんだと思う。犬とイアンは似ているわ。イアンは、とても暴力的で処分されるはずだった犬に新たなチャンスを与えてあげた。……そしてイアンも、犬からチャンスをもらったのよ」

リンダは語りながら最後は涙ぐみ、右手で目の

面会日にイアンの母、リンダが訪ねてきた。連れているのはイアンがドッグ・プログラムで育てた犬、アネットだ。

ふちをぬぐった。

犬に新しい家庭を探したり、ほかの受刑者に指導したりするイアンの姿を、リンダは社会貢献しているとうれしく見守っている。

「先頭に立ってやっていること、負の中から善を生み出していることが、親としては幸福な思いです。このプログラムがなければ、彼はいまだに怒りを抱え、出所後も本当の幸せを知らずに寂しい人生を送ったでしょうね」

イアンはベンチに座ったまま、横でリンダがぼくらに話す言葉に、神妙な面持ちで耳を傾けていた。

「こういう話は聞いていいてつらかった？」

とリンダがイアンに向かって問いかけると、イアンは、

「大丈夫だよ」と微笑みながら返す。

「やり直すってことは大変なことね」

「ああ、そうだね。……これって犬の話だったのにね」

「そうね」

「大丈夫だよ」

イアンは少しだけ笑った。

ぼくらのインタビューが終わると、母と息子は、ひとしきり、アネットの話で盛り上

がった。最近のアネットは穴掘りが楽しみで、リスが地面に空けた穴にいちいち顔を突っ込んでいるのよ、と笑顔でリンダが話す。穏やかな時間が流れていた。

ふたりを見ながら、ぼくらはアレックスのことを思っていた。こんなひとときがアレックスやアレックスの家族にも訪れるのだろうか、と。


しかし、この頃から代表のジョアンはアレックスはきっと変わる、と確信していた。

「アレックスはもっと、犬に対しても自信を持たないといけないわ。彼に足りないのは、自信とコミュニケーション能力。実際以上に問題を大きくとらえすぎていて、間違うことを過度に恐れている。たとえばただ忘れ物をしただけなのに、過剰に謝りすぎたり」

と、いまのアレックスをこう評しつつ、

「でもね、オレオをちゃんと育てて里親が見つかったら、きっと彼も変わるはず。がんばり屋だしね。この前もこんなことがあったの。オレオが軽い皮膚病にかかってしまったのね。アレックスは、オレオの菌をうつしてしまうかもしれないから、ほかの犬を散歩させる時に、服を着替えたほうがいいかって聞いてきたんです。ほかの犬にうつるかもしれない時は気をつけなくちゃいけないということを彼はちゃんとわかっている。自信とコミュニケーションスキルは足りないけど、でも彼自身が思っているほどそう悪くないのよ」

と語った。

殺人、という本人が思ってもいなかった事件の結末に、四年たったいまもうちひしがれているアレックス。四年という間、事件を何度も反芻し、これまでの更生プログラムの中で何度も自身に問いかけたに違いない。それがますます彼を内省化させてしまっているようにすら感じられた。変わりたいと言うアレックス自身の思いはあっても、いまはまだそれが空回りしているふうにも見えた。ジョアンの言葉とは裏腹に、「本当にアレックスはここでうまくやっていけるのだろうか」というぼくらの気持ちは、十日間の第一回目の取材を終えても変わらなかった。

二

ジェフとジギー

愛情を感じる気持ちよさ

ジャマイカの伝説のレゲエ・ミュージシャン、ボブ・マーリーの息子、ジギー・マーリーから「ジギー」という名前を犬につけたジェフ・マルティネスは、三人の新人のなかで最年少の二十歳。からだは大きいが、表情にも仕草にもまだ幼さが残る。

マクラーレン青年更生施設の受刑者たちは、夕方から朝までは寮で過ごす。自由時間を、テレビを見たり、サッカーボールを蹴ったりと、思い思いに過ごしている。

「昔はもっと上手に弾けたんだけどね」

ぼくらがプロジェクト・プーチに通い始めてまだ間もないある日のこと。寮でジェフのインタビューを終えると、ジェフは照れながら、ギターを弾いてくれた。ジギー・マーリーが大好きなジェフは、ギターを弾いている時がいちばん好きな時間だと言う。

ジェフ・マルティネス、二十歳。家宅侵入、強盗の罪で刑期が六年。マクラーレン青年更生施設に入所して三年が経ったところだ。

「ここで苦痛な時間を過ごすのもあと三年。問題を起こさなければね。もし問題を起こしてしまったら四年になってしまうんだ」

と神妙な面持ちで話してくれた。

ジェフは五歳の頃に両親が離婚して、姉とともに母親に引き取られた。

——どんな子ども時代だったの？

「小学校は成績は常にトップクラスで、優秀だったんだけどね。中学でとても悪くなった。毎週のように停学処分を受けてたし、成績もすべてF。三十三回も始末書を書いたさ」

母親が当時付き合っていたボーイフレンドの影響で麻薬中毒になり、子育ても家のこともほぼ放棄していたような状態だったと言う。

「家にはルールもないし、規則に従うことも何も教えてくれなかった。彼女は僕が何をしようと気にしなかった。ひどかったね。だから僕は自分の思うとおりに好き勝手なことをやってたよ」

寮で、大好きなギターを弾くジェフ。

――お母さんのことはどう思う？

「ほんとは僕のこと心配してたんだろうなとわかってた。僕も母のことを気にかけてはいた。でももう僕には手に負えなくなってしまったんだ」

――その頃はどんな生活だったの？

「僕と同じような境遇の仲間たちに引き入れられて、いつも酒を飲んでたよ。僕は誰のことも信じちゃいなかった。誰に対してもいじわるだったね」

――何か寂しさみたいなものがあった？

「心の奥では寂しかったけど、でも表には出さなかったな」

結局、ジェフは父のところに引き取られることになった。

「手に負えないくらい母はひどい状態だったからね。母は僕と一緒に住んでいたかったんだと思う。悲しかったさ。でも無理だったんだ」

オレゴン州の南に位置するクラマスフォールズ（Klamath Falls）にある父の家には、父と再婚相手の妻、そして母の連れ子の三人の男の子が暮らしていた。

――お父さんのところに行ってからの生活は？

「初めは少しまじめになったんだ。父はルールにも厳しかったし、越えてはいけない境界線も自分ではわかってたしね。でもまた元の状態に戻ってしまって酒やドラッグを始めてしまった。その頃は二日に一回はケンカしてたね」

いったんスイッチが入ってしまうと、一瞬にしてキレて周りが見えなくなってしまう。付き合っていた彼女がほかの男と話している姿が日に入っただけで、すぐさまその男を殴り倒した。

「逃げるそいつに馬乗りになって、殴りまくった。考える間もなく、とにかくこいつを殴りにいかなくちゃ。こいつをここから追い出してやるってね」

そして、事件を起こして逮捕。

――逮捕の理由を聞いてもいい？

「家宅侵入と強盗で逮捕されたんだ。それがここにいる理由。過ちだね」

――刑務所に入って短気なところは改善された？

「いまはとてもマシになったよ。ここでは引き金になるようなことは起こらないしね。でもまだまだ時間が必要だ。ちょっとでも感情が乱されれば反応しそうになっちゃうからね」

――ドッグ・プログラムを通じて、どんなことを学びたい？

「責任感。犬は僕を頼りにしている。僕が世話をしてやらないと。何かを育てるっていうことは気分がいい。もっと成長して、もっと社交的になって、他人からも学ばなくちゃ。他人から学ぶってことは他人を受け入れるということだと思う。いままではいろんな人を締め出してきたからね」

ジェフは、三人の新人のなかではいちばん刑期が軽い。スティーブンとアレックスは十五年、ジェフは六年だ。当然のことだが、刑期の長さは彼らの心持ちに微妙な違いを見せているのだろう。事件のことを語りたがらないスティーブンと、事件の重圧に押しつぶされそうなアレックスに比べて、ジェフには事件の影を背負っているという感はなかった。もちろん二十歳という若さもあるだろうが、ジェフと話していると、罪を犯した青年というのをついつい忘れそうになってしまうほどだった。

ジェフが犬を飼うのは十五年ぶり、五歳の時以来である。

「汚い仕事がいや。犬のフン掃除はいちばんやりたくない仕事かな」と面接でも言っていたとおり、プログラムに参加した当初、犬舎の掃除は指示されてからしぶしぶやり、散歩中にした犬のフンを最後まで片づけようとしないで、ジョアンに叱られる場面もあった。ある日の散歩の途中のこと、ジギーが道路でフンをしそうになった。それを見ていたジョアンが飛んできた。

「芝生のほうでさせるのよ」

ジェフはあわててすぐ横の芝生にジギーを引っ張ろうとするが、間に合わず、巨大なフンが路上にポロポロと落ちた。

「急だったから……」

とあせりながら言い訳するジェフにとりあわず、ジョアンは畳み掛けるように言う。

「ビニール袋は持ってないの？　ちゃんと片づけて」

ジェフは、持っていた青いビニール袋でフンを取り始めたのだが、全部取りきらないで、さっさとビニール袋を片づけ、取り残したフンを足で蹴散らした。すかさず、ジョアンの注意が飛ぶ。

「そんなことしたらダメよ。芝生を上にまいてちゃんと後始末して」

ジョアンの厳しい口調にジェフはあわてて芝生をむしると、それでフンを拭きとり、新しい芝を上からパラパラとまいた。

「（フンをそのままにしていたら）誰かが踏んでしまうかもしれないでしょう。そういうことも考えなさい」

とジョアンは厳しく注意する。

ジョアンが彼らに行う指導は、犬の訓練を通して、人としてのマナーや社会に生きる一員であることに気づかせる、というものがほとんどだった。

犬は好きだけど、面倒くさいことはやりたくない、いやなことは極力やらずに楽しいことといいことだけをやっていたい。ジェフの態度は子どもっぽさ全開だった。

ただ、三人のなかでいちばん犬と過ごせることを喜んでいたのもジェフだ。とにかく犬が大好き。かわいくて愛しくてたまらない。ドッグ・プログラム参加の初日から、全身で犬と過ごせることを喜んでいた。

ジギーは茶色い短毛のオスの中型犬だ。気性が激しいため、飼い主が育てることをあきらめて保護センターに持ち込まれた犬だった。たしかに、扱いやすい犬ではなかった。犬舎から出る時もワンワン吠えて落ち着かない。「あまり暴れるなよ」。ジェフはなだめながらリードを付ける。

ドッグ・プログラムでの二日目。ジギーは、散歩中も人に飛びかかったり自分勝手に歩き回ったりして、なかなかジェフの言うことを聞かない。

「こっちへ戻れ！」

あらぬ方向へ進もうとするジギーをジェフがリードを引っ張って呼び戻す。すると、これまでに十頭以上の犬を世話してきたジェフの教育係のオーランドが横から、

「そうじゃない。戻す時に引っ張ったらダメだ。リードを外から回しながら横に戻すんだ」

とすかさず見本を見せる。ジギーはすんなりとオーランドの横におさまる。

「なるほどね」と感心したような表情でそれを見るジェフ。犬を勝手に動き回らせず、常に飼い主の横を歩かせる。これは、ドッグ・プログラムで行うしつけの第一歩なのである。

その後の散歩では、ジギーが勝手な動きをしようとするたびに、ジェフはオーランドが示してくれたように、リードをぐるりと回しながらジギーを誘導し、自分の横に戻した。何度も繰り返しているうちに、だんだんジギーが素直になってきた。ジェフの声にも力と喜びがみなぎってくる。

「グッドボーイ、ジギー、いい子だ」

「グッドボーイ」を連発し、ジェフはあっという間に、気性の激しいジギーを手なずけていった。

ジギーのシャンプーも欠かさない。シャンプーが終わったら、ジギーを乾燥機に入れ、その間に犬舎を清掃する。

「お風呂に入ろうか、ジギー」

「もっとゴシゴシしてやろうか」

「いい子にしてろよ、ヘイ、ジギー」

「待たせたな、ジギー」

何度もジギーの名を呼び、ジギーに語りかける。

ジェフにシャンプーをしてもらうジギー。気持ちいいのか、
いやがるそぶりもみせず、ジェフにされるがままおとなしくしていた。

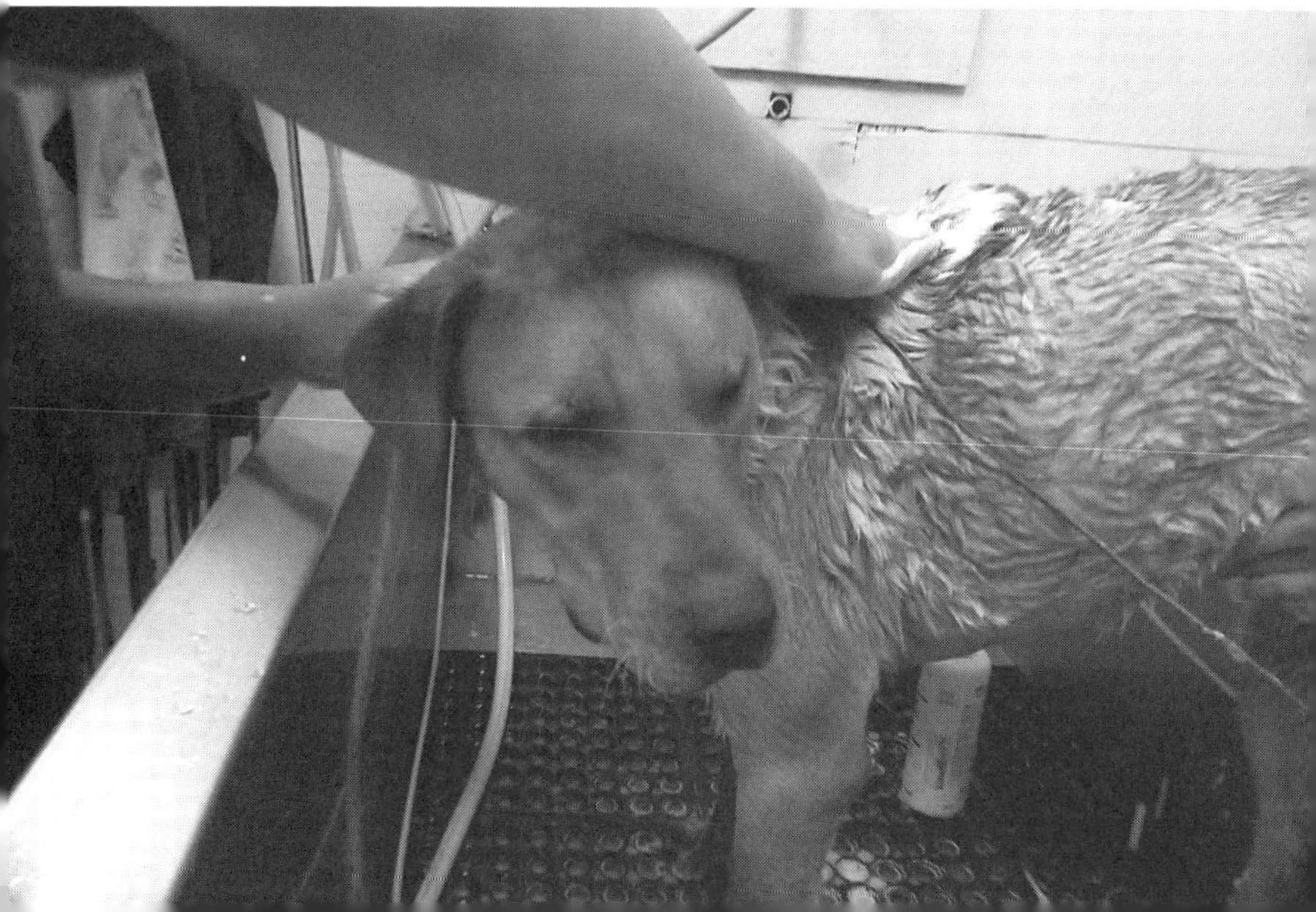

ジェフは心からジギーといることが楽しそうだった。日に日にジギーからも信頼を得ていく様子が見ていてもわかり、それが一層ジェフを喜ばせ、やる気にさせていた。ぼくらのカメラが回っていても、撮られていることすら目に入っていないほどで、逆に、こんなにものめりこんでいたら、ジギーの里親が決まり、別れる時には大変だろうなと心配になるほどだった。アレックスとはまた違った意味で、距離の取り方がわからないというか、とにかくジギーとの距離を縮めるだけ縮めてやろうというような突進ぶりだ。それだけ、愛情に応えてくれるということがうれしかったのかもしれない。

ドッグ・プログラムに参加して一週間が過ぎた日。

ヒュィッ。口笛を吹くと、ジギーはジェフのそばに戻るようになった。ジェフがドッグランで仲間に自慢げに言う。

「いい子だ！　僕の言うことを聞いてるぞ。ごまかしなしだ。僕の犬は利口なんだ」

散歩をしていても、ジギーは口笛にきちんと反応した。「さすがは僕の犬だな」。斜め後ろからその様子を見ていたジョアンが声をかけてきた。

「いい歩きになってきたわ。よくがんばっているわね」

ジェフが満足げにジギーと走り出した。

ジョアンはジェフのことをこう見ていた。

「ジェフは本当に素敵な笑顔をしてるわ。いまは犬のことに一生懸命でがんばりすぎてるくらいがんばってるんだけど、でももう少しステップアップは必要ね。里親が訪ねてきた時に、いまのままではおそらくいろんなことを忘れてしまって、里親にちゃんと情報を伝えられないでしょう。人に会う前に準備や書類の確認、そういったことがちゃんとできるようにならなければ。毎日の日誌も忘れることも多いし、言われる前にやるということができるようになってほしいわ。あとだらしない格好もなおさなきゃね」

じつはジェフはドッグ・プログラムに参加する前に、更生施設にやってくる訪問客をカートで案内する運転手の仕事に就いていた。ところが、プログラムの正式メンバーになったものの、次の運転手がなかなか決まらず、半日だけ、引き続きカートの運転手をしていた。そのためドッグ・プログラムは半日だけしか参加できない。メンバーたちが犬を連れて散歩している姿を、運転席からうらやましそうに眺めているジェフをぼくらもときどき見かけることがあった。そんなこともあって、ほかの誰よりもよけいに犬と会える時間が大切で、ジギーに熱中していたのかもしれない。

ジェフの教育係になったオーランドは、「ジェフはよくやってるよ」と言う。オーランドはすでに十四頭の犬を育ててきたベテランだ。ジェフに犬を引き戻すやり方を見事に教えたように、訓練の仕方もうまい。ドッグ・プログラムに入るまで犬なんて飼ったこともなく、プログラムに参加した当初は、とまどい、犬に対して緊張していたと言う。そんなオーランドもまたここに入っている多くの若者と同様に麻薬に溺れ、窃盗と強盗を働いて、懲役五年十ヵ月の実刑判決を受けた。あと一年十ヵ月刑期が残っている。犬を育てることにすっかり魅力を感じたオーランドは、出所後、犬に関係した仕事に就きたいと、犬の訓練士(care technitian)の資格を取るために、合間を見ては勉強に取り組んでいた。これはかなりむずかしい試験だと聞いた。机に向かって練習問題を解いている姿をぼくらも取材中に何度か見かけた。

「人が見たらおかしいと思うかもしれないけど、犬のほうが話しやすいんだ」とまで言う。

「犬が来るっていうことは赤ん坊が生まれるみたいなもので、全部面倒を見なければならないんだよ。えさをあげたり、歯を磨いたり、シャワー、トイレ。犬舎も掃除してい

ジェフの教育係、オーランド。あと1年10ヵ月の刑期が残る。

ないと犬が病気になる。だから、責任感を学べる。犬は、ほかの生き物や人間を理解するとはどういうことかも教えてくれるし。もちろん、犬とつきあうには、辛抱強くならなければいけないんだ。ここでは、チームとしてみんなと協力して働くことも必要だ。自分がいない時はほかの人に引き継ぎをして、犬の情報を伝え、犬を放ったらかしにしないこと。ほかの人と意思疎通をして交流を図ることも大事なことなんだ」

三人の新人だけでなく、彼らの教育係、それ以外の何人ものメンバーに、時間を見つけては話を聞いたのだが、彼らは全員、ドッグ・プログラムに参加したことで、責任感、辛抱強さ、愛情をかけ愛情を返してもらえる喜びを知ったと言う。「人生が変わったよ」と言うメンバーもいた。犬がここまで彼らを育てるのかと、ぼくらはつくづく感心したのだった。

こうして、新人たちの初めての訓練を追いかける取材の日々があっという間に過ぎていった。スティーブン、アレックス、ジェフは、それぞれに犬への向き合い方は違うが、三頭の犬は彼らになつきはじめていた。集団の中でも、彼らはぎこちなさが徐々にほぐれてきているように見えた。これから彼らはどう変わっていくのだろう。

罪を犯した三人の若者たちと、人間に見捨てられた犬たちの最初の十日間が終わろうとしていた。

四

ドッグ・プログラムと ジョアン・ドルトン

犬から何を学ぶのか

日本では聞き慣れないドッグ・プログラムとは、いったいどんな内容で、どんなふうに進められているのだろう。

まず、本人がいくら希望しても、ドラッグやアルコール依存の治療を終えていない受刑者、動物虐待の過去があったり、刑務所内での素行が悪い受刑者、一度ドッグ・プログラムから脱落した受刑者は受け入れられない。そういった問題がなくても、希望者が多く、一方で定員は少ない。何年も待ってようやく入れたというメンバーも少なくない。

そんな難関をくぐり抜け、面接までこぎつけ、合格すれば、晴れてドッグ・プログラムの正式なメンバーとなることができる。通常、初めの二、三日はほかのメンバーが訓練した犬に慣れるところから始まるが、ときにはすぐに保護センターから引き取ってきた犬が与えられ、訓練が始まることもある。訓練は約三ヵ月間つづく。

ご褒美のえさと、音を鳴らしての「おすわり」「伏せ」「呼び寄せる」などといったしつけと毎日の散歩。ときにはシャンプーなどのお手入れ。ドッグ・コンテストに出るような特別な訓練を施すわけではない。犬が里親に引き取られ、家庭犬として飼い主の言うことをちゃんと聞き、問題なく暮らしていけるように訓練するのだ。

ひととおりしつけが終わったところで、犬と担当者は、卒業試験を受ける。「飼い主に呼ばれたらちゃんと戻る」「人ごみの中でも落ち着いて歩くことができる」「大きな音がしてもパニックにならない」など、犬が里親にもらわれた後に危険がないかどうかが試験される。試験官はNPO法人「プロジェクトプーチ」の代表ジョアンと、外部の犬の協会のメンバーだ。

試験に合格すると、いよいよ里親探しだ。チラシを作成し、プロジェクト・プーチのホームページにも情報を掲載し、里親を募集する。犬の担当者は、里親との面接も行い、最終的に引

マクラーレン青年更生施設の一番奥に、ドッグ・プログラムの施設はある。入り口には、このプログラムを実施している、NPO法人プロジェクト・プーチの看板が掲げられている。

き取り先の家庭を決定、犬を引き渡す。これがプログラムの大まかな流れだ。

朝八時半、ドッグ・プログラムに参加するメンバーが、寝起きしている寮を出て、訓練所にやってくる。たいていは、ドッグ・プログラムメンバーの証しでもある「Project POOCH」のロゴが入ったグレーのTシャツを着ている。このTシャツは、彼らの一種の誇りでもあるのだ。

犬を犬舎から出して、散歩をし、訓練を開始する。その日にどんなプログラムを行うかは、メンバー一人ひとりにまかされている。正午になると、寮に戻って昼食を取り、午後一時から四時まで再びドッグ・プログラムに戻る。訓練が終わると犬を洗ってやることもある。犬舎の掃除は毎日の仕事だ。一度メンバーになったら、大きな問題を起こさない限り、プログラムをずっと続けられる、という仕組みになっている。

犬を引き取る里親は、犬一頭に付き百九十五ドルをNPO法人「プロジェクト・プーチ」に支払う。そのうち、百ドルが受刑者の手元に渡される。これは出所時に、生活準備金としてまとめて支払われるものだ。引き取り手がなかなか見つからない犬もいるが、マクラーレン青年更生施設の職員が引き取るなどの手だてがとられているので、引き取り手がいなくて処分されることはない。

責任者のジョアン・ドルトンがプログラムに顔を出すのは、週に三回ぐらいである。そばで見ていると、ジョアンは犬の訓練方法を指導するというより、メンバーたちへの教育が中心だ。「だらしない服装をしてはいけない」だとか、「目上の人への言葉遣いに気をつけなさい」といった、基本的な作法を注意していく。

ジョアンがドッグ・プログラムを始めたのは一九九三年のこと。最初はひとりの受刑者と一頭の犬でスタートさせ、これまでに百人以上の受刑者がプログラムを受けた。そして、彼らの出所後の再犯率はこれまでゼロだというのだ。

なぜ刑務所で、こういうプログラムが必要なのか。ぼくらの問いにジョアンはこう答えた。

「多くの子たちは、家族に逆らい、社会のルールを守らず、問題を起こしてここに来ているんです。彼らは、まず起こしたことに責任を取るということを学ばなければならない。犬というのは、責任能力のある人間の世話が必要な動物ですからね」

責任を持って一頭の犬を育てる、そして里親に引き渡す。それが責任を引き受ける第一歩だということなのだろう。

「さっきもアレックスに話したんだけど、犬の世話をするというのは、子どもの世話をするのと同じことなんです。犬の訓練は、いい意味での強制と服従です。教え、導き、正しいことをした時は褒めて、間違ったことをした時は直していく。これは、まさに人間の子育てと同じなのです。そして、犬をきちんと訓練するということは、まず相手を認めるということ。犬も自分を認められて、初めて彼らを認めるんです。犬はどうすれば認めてもらえるかを彼らに教えるのです。ここで働くということも同じですよ。嫌いな人ともうまくやっていくためには、まずは相手を認めなければならない」

――それを学ぶのは「人」からではなくて、「犬」のほうがいいのですか？

「ええ。犬はどんな状況であろうと、彼らのことが大好きだからです。彼らが散歩に連れて行ってくれるから、面倒を見てくれるからというだけで、犬は言うことを聞き、彼らを認めてくれるからです。犬を使わずに人を認めるということを教えるのは、犬を使って教えるよりもはるかにむずかしいと私は思います」

肌が合わない人間ともうまく折り合いをつけなければならない場面は、人生では珍しくない。そんな時、他者を認めることができれば、うまくやっていけるはずだ。

「彼らは簡単に人から裏切られたり、失望させられたりということを経験しています。たとえば、面会に来てくれるというので身ぎれいにして楽しみに待っていたのに誰も現れなかったということもしょっちゅうなの。でも、犬は違う。犬たちは彼らと会うことを楽しみに待っていて、いつでも彼らのことを思っている」

たしかにジョアンの言うとおり、何かと偏見や先入観に陥り、言葉がわかってしまうがゆえに無用に傷つけ合うこともある人間同士よりも、邪心のない犬とふれあうからこそ、素直になれるということがあるのだろう。

ジョアンも言っていたが、受刑者の多くは、親が離婚している。なかにはジェフの母のように、アルコール中毒や麻薬中毒になってしまい、子どもの面倒もろくに見ないばかりか、育てることすら放棄した親も少なくない。親の庇護なしで育ち、果てには家を出てストリートで暮らし、ギャングの仲間に入り、酒や薬に溺れる。親から認められず愛も与えられなかったから問題児になり事件を起こした、という短絡的な結びつけは容易にしたくはないし、問題のない家庭なんてないだろうとは思うのだが、それにしても彼らの境遇は、聞いていて痛ましかった。

だからこそジョアンは、ドッグ・プログラムの場では、家庭的な雰囲気をつくることも心がけているという。メンバーの誕生日には、ケーキを持ってきてみんなで祝う。「ハッピーバースデー」を歌い、ボランティアがささやかなプレゼントを贈る。ギターを弾く若者もいる。

「誕生日は、誰にとっても大切な日でしょ。それなのに、『ここで、人生で初めて誕生日を祝ってもらった』と喜ぶ子もいます。そう、私たちは家族なのです。ここは、彼らの家なのです」

ドッグ・プログラムの目的は、犬を通して愛情を知る、ということだけではない。チームで仕事をする、ということがまた彼らの社会性を育てることになる。

ジョアンによれば、ここに入っている受刑者は、父親を知らない、あるいは父親に育てられていない若者が多いという。「お父さんに会った？」と聞くと、たとえ会っていても何年も前の話だったりする。シングルマザーのもとで育っているので、大人の女性に対する接し方は知っていても、男性との接し方がわからない。だから、先輩から、「おい、おまえ、犬にえさをやれよ」と命令口調で言われたりすると、「何だと、テメエの言うことなんか聞かねえよ」と過剰反応してしまう。ジョアンの指示は聞けても、先輩の指導に素直になれない。

「それが彼らがまずは学ばなければならないことで、そしてここでいちばん学べることなのです。彼らは自分のことを我慢強いと言うけれど、まだまだです。すぐ腹を立てるし、すぐ結果を求める。そんなに簡単に結果を得ることはできないということを彼らは学ばなければならないの。また、お互いに不満があっても、チームで仕事をするっていうことはどういうことかも学ばなければならないのです」

また、ドッグ・プログラムは、犬を大事にしてくれる新しい里親を見つけて無事に届けて、初めて完結する。

「犬がテストにパスしたからといって、もうトレーニングが終わりだということではないんです。里親を見つけるためには、コンピューターが苦手でも、犬をアピールするチラシをパソコンで作らなくちゃいけない」

デジタルカメラで撮影した犬の写真を貼り込み、チラシを見た人が興味を示すように犬の紹介文も書く。そのためには、読み書きや基本的なコミュニケーション力、計算力、最低限のパソコンのスキルが求められる。

「でも彼らの多くは、ここに来る何年も前から学校に行かず、ドロップアウトしている。普通なら持っているはずのスキル——読み書き、計算、基礎学力がほとんどまったくない。里親探しのチラシを作らなきゃいけないんだけど、私がチェックすると、単語のスペルは間違っているし、電話番号も間違っていたり。彼らは確認しながら仕事をするということがわかっていないのです」

そして、そのチラシを見て興味をもった里親が、犬を見に彼らのもとを訪ねてくる機会も多い。対応するのは彼ら自身だ。

「社交性も身につけなくちゃいけません。犬を見に来た訪問客に、自分の犬の全情報を伝え、里親から懸案事項も聞き出さなければならないんです」

彼らがクリアしなければならない課題は、一頭育てただけではそう簡単に獲得できるものではない。そして、ジョアンらスタッフ自身もまた、時間をかけて根気づよく彼らをサポートしていかなければならないのだ。

「私は、『その場しのぎ』以上の大切なものを彼らに教えたいのです。ドッグ・プログラムのメンバーになったら、雨の日も雪の日も、起きたくない日も、犬の面倒を見なくちゃならない。週末に娯楽室でゆっくりしたいと思う人はドッグ・プログラムには来てもらいたくないんです」

ジョアンから、ドッグ・プログラムの第一期生がポートランドの近くで働いていると聞いたぼくらは、ぜひ会いに行きたいと思った。実際にこのプログラムを経て、ドッグ・プログラムの体験をどう実感しているのか、いまはどんな暮らしをしているのか、この目で確かめたかったからだ。

ポートランドから車で東へおよそ三十分、郊外の街道沿いに中古車販売会社「ウエストン ビューイック GMC」がある。オレゴン州でもっとも大きい中古車販売センターとうたうだけあり、広い敷地に乗用車がずらりと並んでいる。

ドッグ・プログラムの第一期生、アスキア・ガイグルは、ここで働いていた。三十四歳の黒人男性。頭はスキンヘッドだが、醸し出す雰囲気は優しい。アスキアはブルーのワイシャツに赤のストライプのネクタイを締めた清潔な格好で、にこやかにぼくらを迎えてくれた。

現在の柔和な表情からは想像もできないが、アスキアは傷害事件でマクラーレン青年更生施設に収容された。父親はおらず母親はいつも仕事で不在、好き放題して育った結果だと言う。

アスキアは、一年半の間に七頭の犬を育てた。最初の頃は、すべてが手探りだった。

マクラーレン青年更生施設でドッグ・プログラムを受けた第一期生のアスキア。
いま、ポートランド郊外の中古車販売会社で働いている。

えさや水をあげる。犬舎をきれいにする。フンの片付けをする。ただただ遊び歩いていたアスキアには、すべてが初めての仕事だった。

「自分の感情を表現する方法も、人と接する方法も、すべて犬との暮らしから手に入れました。猟奇犯罪者だったジェフリー・ダーマーは幼い頃から犬を虐待し続けていて、大人になった時にそれが人間に対するグロテスクな行為につながった。その反対で、犬に対してきちんと世話をしたり感情表現したりできるようになると、人間に対しても同じようにできるようになるのです」

アスキアはぼくらに、もしドッグ・プログラムに参加していなかったら、「あなたと僕の間には、鉄格子があり、ガラスの窓があったかもしれない」とまで言う。ドッグ・プログラムのおかげでいまの人生があるのだと。

そして、彼が強調したのは、最大の困難が待ち受けているのは出所後だ、ということだった。ドッグ・プログラムでさまざまなことを学び更生したと思っても、いざ出所したら、元の環境に身を置かざるを得ない。せっかく自分は新しい生き方をしようと思っていても、あるいは達成したいゴールを見据えていても、同じように考えている人間が周囲に誰もいない。家庭環境や友人は逮捕前と何も変わっていない。つまり、罪を犯すようになった一因である悪い環境が、口を開けて待っているのだ。

「世の中に戻ったら、自分だけがカプセルに入り込んでいるようでした。家族や友人たちが見ているものと、自分が見ているものが少し違うのです。自分のほうが、彼らより未来に光を見いだしていた。でも、共感してくれる人はいなくて、ひとりぼっちだった」

プログラムと実社会で待っている現実は違う。いくらプログラムを通じて受刑者本人が生まれ変わったとしても、まだ不十分なのだ。

「その時、正しい道を選べるかどうかは、自分の精神力次第なんです。私が学んだのは、目標を達成できる方法は、精神力の強さと自分がドッグ・プログラムで培ったものにしがみつくこと、ということでした」

アスキアの言葉を借りれば、「動物たちと働いて学んだことを、どういうふうに人生に置き換えるのか」が大切なのである。それができないと挫折するとアスキアは言う。

中古車販売会社に入って十年。アスキアは結婚し、二人の子どもに恵まれて暮らしている。オレゴン州政

右／アスキアはドッグ・プログラム1年半で7頭の犬を育てた。
左／オレゴン州から、「困難・苦難を乗り越えた青年賞」を授与された日。隣にいるのはジョアン。

府から授与される「The Governor's Youth Overcoming Difficult Times and Hardship Award」（困難・苦難を乗り越えた青年賞）も受賞した。

アスキアのように、ドッグ・プログラムのメンバーたちの社会復帰が成功したことで、マクラーレン青年更生施設の「プロジェクト・プーチ」の取り組みは脚光を浴びた。ジョアンが一九九三年にドッグ・プログラムを始めてから、これまでに百人以上の受刑者が参加してきたが、出所後、彼らが再び罪を犯すことはないという。まるで奇跡のような話だが、その背後に、プロジェクト・プーチの確固たる目的、それを実践する確かなプログラム、そしてそれを応援する地域の里親システムが成立しているからこそ、成り立っているプロジェクトだ。

アスキアへの取材を通して、出所後の困難さにぼくら自身もあらためて気づかされた。ドッグ・プログラムをうまく成し遂げたとしても、それは刑務所という、ある意味、守られた世界のことである。彼らは、外に出たときにはじめて社会で生き直すということをつきつけられる。日々の訓練を積み重ね、犬を送り出すことを繰り返すことで、揺るぎない自信と希望を持ち続けることが、何よりも彼らに必要なことなのだ。

五

八月の犬たち

二ヵ月目の訓練

一回目の取材から約一ヵ月半後の八月、ぼくらは再びオレゴン州のマクラーレン青年更生施設を訪れた。北海道並みの緯度に位置するオレゴン州は、夏でも涼しい。州都のポートランドの最高気温は三十度に届かず、十五度を下回る冷え込む日もあるほどだ。

ぼくらが着いた時、ちょうど、ドッグ・プログラムのメンバーたちが昼食を終えて寮から戻ってきたところだった。

「久しぶりだね。元気？」とスティーブンに声をかけると、

「元気だよ。君たちは？」と相変わらずクールに答えた。

今度はジェフに、

「どう？　元気だった？」と聞くと、

「調子いいさ。君たちも元気だった？」

と握手を求めてきた。

しかし、何よりいちばんぼくらが驚いたのはアレックスだった。

「おいおい、また撮影が来たよ」

仲間が、お前のことまた追いかけるんだぜと言わんばかりに、アレックスの体にタッチし、冷やかすと、アレックスは照れ笑いしている。あの緊張に満ちていたアレックスが、すっかりリラックスして仲間に溶け込んでいた。

彼らとともにプロジェクト・プーチに入ると、さっそくイアンがアレックスに声をかけた。

「さあ散歩だ」

イアンに声をかけられて、犬舎に向かったアレックスは、なんだかにやにやしている。オレオを犬舎から引き出す時も笑顔がこぼれ、散歩中も顔がゆるんでいる。久しぶりの撮影に照れているんだろうなと思いつつも、こんなにくつろいだ表情のアレックスは、六月の撮影では見たことがなかった。

先を歩くオレオに向かって、アレックスが「オレオ」と名前を呼ぶ。うれしそうにしっぽを降りながらすぐに戻ってきて横につくオレオ。アレックスは誇らしげに、オレオの訓練の成果をぼくらに見せてくれるのだった。

散歩の途中で仲間から声をかけられた。お互いの犬がどこまで飼い主の「待て」を聞いて、じっとしていられるのか競争しようと誘ってきたのだ。うれしそうに「いいよ」と応じるアレックス。オレオはちゃんとアレックスの「待て」を聞き、「おいで」と言われるまでじっとステイする。

「おいで」。その一言を待っていたようにオレオは走ってアレックスに飛びつく。アレックスはうれしそうだ。

シャワー室に戻ると、アレックスのほうから「手伝ってよ」と、JRに声をかけている。オレオのシャンプーをしながらほかの仲間と水の掛け合いをして、笑い崩れる。

「犬をどう扱っていいかわからない」ととまどっていたアレックスはもういない。あまりの変化に逆にぼくらがとまどうほどだった。

ドッグ・プログラムに参加してわずか二ヵ月足らず。こんな短期間で人はこんなにも変化するものか。取材の最中、代表のジョアンがうれしそうにぼくらに話しかけてきた。

「みんな変わってきたでしょう?」

ぼくらはもちろんうなずいた。

オレオをシャンプーするアレックス。メンバーといても自然な笑顔が出るまでに変化していた。

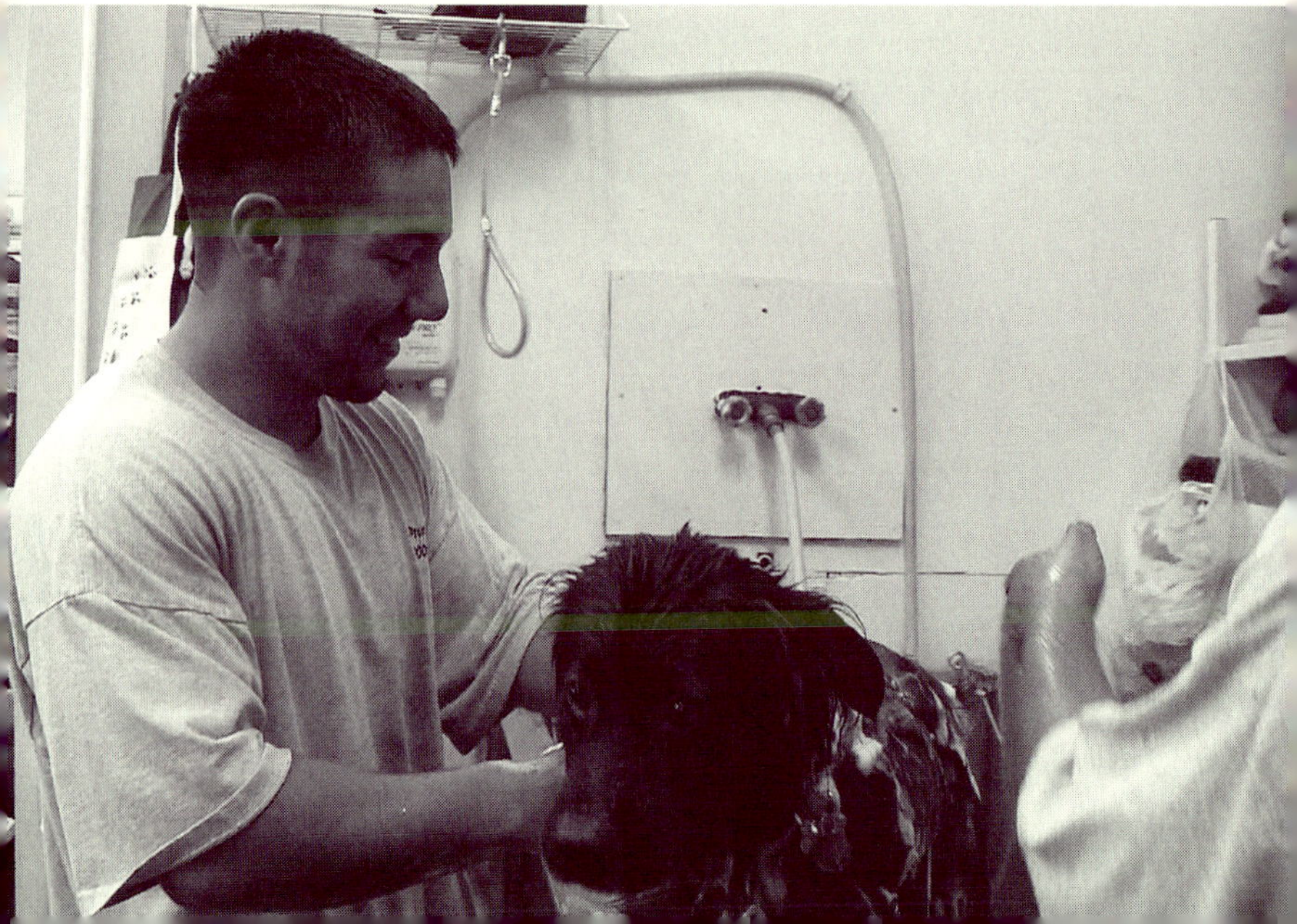

大きな変化はもうひとつあった。アレックスのオレオ、ジェフのジギー、そしてスティーブンのハンター、三頭ともに卒業試験をパスし、里親探しの段階に入っていた。しかもスティーブンにいたっては、すでに里親も決定し、ハンターを引き渡す日が目前にせまっていたのだった。「伏せ」をするのに一週間もかかったあのハンターが、なんとその後の訓練はとんとん拍子に進み、もうすぐ里親に引き取られることになっていたのも、また驚きだった。

ドッグ・プログラムの犬たちは通常、三ヵ月の訓練を受けた後に、十項目ある試験をパスすると、一般の家庭に引き取られてゆく。犬にとってのゴールである。この日、ハンターはそのゴールの日を迎えていた。

「もうすぐハンターを引き取りに家族がやって来るから、準備しておいてね。最後は一緒にいたら？」

木材チップを敷き詰めたドッグランで、ジョアンがきびきびした口調でスティーブンにそう告げた。

「そうするよ」

スティーブンは犬舎に戻り、ハンターを連れだした。ドッグランに戻るとどっかりと座り、愛惜を込めてハンターの全身をなで回す。ドッグランを出て、ハンターと並んで芝生の上に座ったスティーブンに声をかけた。

――いよいよハンターが行っちゃうんだね。

「ずっと一緒だったから別れたくはないし寂しいんだけど、ハンターのためを思うと、とてもうれしい気持ちもあるんだ。言葉ではうまく言い表せないんだけど、刑務所で仲がよかった仲間が出所するのはうれしい。でも、もっと一緒にいられたらいいなとも思う……。それと一緒だよ……」

――ハンターといていちばん幸せだと思ったのはどんな時？

「やっぱり卒業試験に合格した時かな。それまで一生懸命一緒に訓練してきて、その場でちゃんと俺の言うことを聞いて、成果が出せたあの瞬間だね。すげーよかったよ」

――訓練中、キツかったこと、思い出に残ってることって？

「ハンターにとっては『伏せ』がいちばんむずかしかったかな」

――ああそうだったよね。

「この二ヵ月間で、自分が我慢することを身につけたと思うよ。これまでは、我慢を身につけようなんて思ったこともなかった。自分の思い通りにならなきゃすぐにあきらめてたからね。でも犬は俺たち人間とは全然違う生き物なんだ。口で言ってすぐ理解するなんてことはないからね。何がなんでも我慢強さを身につけなくちゃならなかったんだ」

――犬と一緒にいて、どういうところがよかった？

「すべてだよ。犬は一頭、一頭みんな性格が違うからね。そういうことがわかることも楽しかったし、寮にいて『くそくらえ』って思うことがあっても、ここに来て犬と一緒に過ごしていると、ほんとにリラックスするんだ。ハンターと一緒に過ごしている時は不安や心配事もなんにも考えずにいられるんだ」

話し終えると、スティーブンはすっきりした表情で、「いい子だ」とハンターを抱きしめた。

「旅立ち」の日は、ハンターにとって「晴れの日」である。旅立つ犬たちはバンダナをつけてもらう。ハンターは黄色の犬の足跡の模様のバンダナをつけて現れた。

ほどなく「里親」となる家族がやってきた。白人の四人家族で、小学生の男の子と二歳ぐらいの女の子がいる。

「あわてるなよ」

ドッグランの出口を出たところで、スティーブンはゆっくりハンターのリードを引いた。里親と対面し、父親と握手をした。母親がしゃがみ込み、目の前のハンターに呼びかけた。

「ご機嫌いかが？　おうちに行くのよ」

父親もしゃがんで頭をなでる。青いサングラスをかけた女の子は、親にうながされてちょっぴり恥ずかしそうに自分よりずっと大きいハンターの首に抱きついた。赤いTシャツを着た男の子はハンターの耳の後ろをやさしくさすってやる。一家は前に見学に来た時によくしつけられていたハンターを見て、全員が気に入ったのだと言う。

「家へ一緒に帰れてうれしいかい？」

スティーブンの問いかけに男の子がうなずく。

「君が持つかい？」

スティーブンは男の子にリードを託した。ブルブルッと身震いしてから、ハンターが男の子と一緒に歩き出す。スティーブンは少し後ろをついてゆく。

「本当によくやってくれたね」

女の子を抱いた父親がスティーブンにお礼を述べた。スティーブンは小さく笑った。いい光景だった。ほどなく、芝生を抜けて、道路に出た。いよいよ本当のお別れである。

スティーブンが突然、声をかけた。

「ハンター、おいで。さよならを言おう」

ヒュイッと口笛を吹くと、ハンターがさっと戻る。

「おいで」

スティーブンはしゃがんで真正面から受け止める。それからハンターの首や背中を何度もなで回しながら、

「グッドボーイ、グッドボーイ」

これまでに何度も呼びかけた言葉を繰り返した。そして、軽く抱きしめると、思いを断ち切るように立ち上がった。

握手をして家族と別れる。再び男の子に引かれて去りゆくハンターを、スティーブンはじっと見送っていた。ドッグ・プログラムのグレーのTシャツの背中には、汗がびっしょりしみていた。ぼくらもドッグ・プログラムで初めて目にした別れの光景で、スティーブンの背中をカメラで追いながら、ちょっと感傷的な気分になった。

「また次の犬が来るからね。大丈夫？」

ハンターを送り出したスティーブンをジョアンが気遣った。

「大丈夫さ。俺も幸せだったよ」

スティーブンは笑みを浮かべた。スティーブンをドッグ・プログラムに誘ったJRも近くにやってきて、

ハンターを迎えにきた里親一家。

「どうだった？」と聞く。

「よかったよ」

二人は豪快に握手をしてから、互いの右手の拳を合わせた。

「寂しくないか？」

「うん、まあ……でも、やっぱり寂しいな」

こうして、スティーブンとハンターが過ごした日々は幕を閉じた。


一方ジェフは、ジギーとはまるで長年一緒に暮らしてきたかのように、ますます絆が深まっているようだった。

「ジェフはね、ジギーがこの世でいちばんかわいいと思っているのよ」

とジョアンが笑いながら言った。

「そういう時のジェフの笑顔は本当に好きだわ。まるで小さな弟みたいな感じよ」


里親と歩き出したハンターを最後に呼び戻して抱きしめるスティーブン。

許されれば一日中、犬と遊んで過ごすんじゃないかと思うほど、ジギーをかわいがる。

「でもね、遊ぶだけじゃなく、ほかにもしなくちゃいけないことはあるのよって彼に声をかけなきゃいけない時もあるわ。先日も、飼い主をきちんと見る訓練を十分間かけてやらなければならなかったんだけど、ジェフに『もうやったの？』って聞いたら、『いまから急いでやります』って言うから、『そうじゃないのよ、じっくり十分かけてやることに意味がある訓練なのよ』って。犬と遊びたい気持ちが先立って、十分もかけてそんなことしたくないよっていうところがある。でも犬との絆は三人のなかではジェフがいちばん深いでしょう」

ジェフ自身もこの一ヵ月ジギーの反応に手応えを感じているようだった。

「とにかく前進しなきゃと思ってる。がんばればその先に何かがあるってジギーは思わせてくれるんだ。本当にやる気を起こさせてくれるから、毎朝目を覚ますのが楽しみなんだよ」

試験にパスしたとはいえ、ジギーは気性が激しい犬で、まだ散歩中にほかの犬に対して攻撃的な態度に出ることがあった。ジョアンは、ジギーにはそう簡単に里親は見つからないだろうと思っていたようだ。ジェフには、ジギーの世話をほかの人にもまかせられるようにすること、ほかの犬に攻撃的になった時にリードを正しくコントロールすることなど、さらに訓練を重ねるよう指導していた。

一方里親探しもいよいよ本格的に進められていた。まずは募集のチラシ作り。

「ジギー、ステイ（そのまま）」

ジェフがジギーのリードを持ってそばにつき、ジギーを動かないように座らせ、仲間が腹這いになってカメラを構える。そうやって撮影したジギーの写真と、ジギーの紹介文をつけてパソコンでチラシを作成する。

――ぼくの名前はジギー。ぼくは生後十一ヵ月で、ゴールデンレトリーバーとラブラドールレトリーバーが混ざっています。ぼくは、ぼくが走り回れるスプリンクラーを備えた広い庭がある家庭を探しています。なぜならぼくは水が大好きだから。キャンプやハイキングも好きです。ぼくは何にでも興味津々。ほかの犬と遊ぶことも好きだし、フレンドリーな性格です。ぼくはたくさんの愛情を求めています

里親探しのチラシ用に撮影されるジギー。

ジェフはジギーをじっとさせるのに苦労していた。

……」

チラシに書かれているジギーの紹介文だ。

このチラシは、町にも、動物保護センターにも貼られる。ドッグ・プログラムを運営するNPO法人「プロジェクト・プーチ」のホームページにも掲載される。

ぼくらの取材中、ちょうどそのチラシを見た見学者がやってきた。お見合いの場所は、ドッグ・プログラムの事務室だ。

「落ち着いていこうな」

ジギーを連れて、お気に入りの帽子をかぶったジェフが犬舎に入ると、中年の白人夫婦がソファに並んで座って待っていた。ドッグ・プログラムの仲間も数人立ち会っている。

夫婦はやさしそうな感じで、ジギーが近づくと、頭をなでたり背中をやさしくポンポンと叩いたり。その様子をジェフは目を細めながら見つめている。

どこまでジギーがちゃんとしつけられているか、それも里親が見るチェックポイントだ。

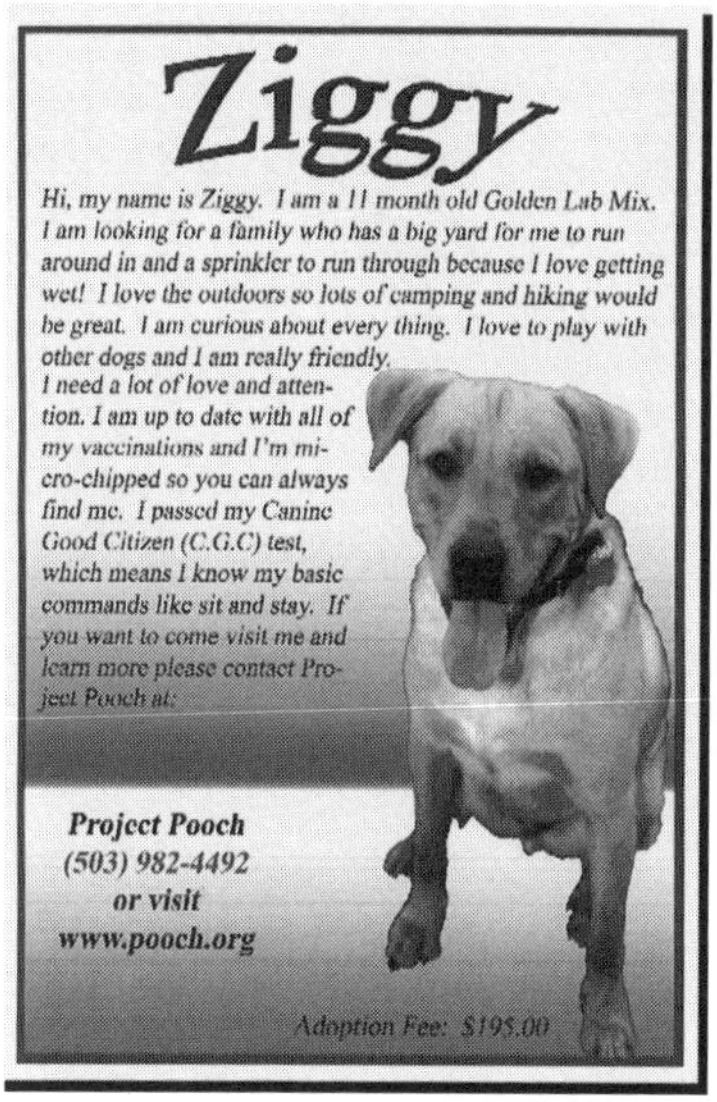

できあがったジギーのチラシ。
町の中や保護センターで貼られる。

リードをはずされたジギーが部屋の隅に行った。椅子に座ったジェフがジギーの名を呼ぶ。ジギーはすぐジェフの元に戻り、ジェフの前で立ち止まったあと、夫婦のもとに近づいた。その様子を目で追いかけながら、ジェフは説明を始める。

「ジギーはこれまでたくさんのトレーニングを積んできていますから、いろんなことができるんですよ」

ジェフは座っている回転椅子を転がしながら、夫婦のすぐ前に移動し、左のこぶしを上げる。

「こうやって手を握って高くあげると、おすわりします」

夫のほうが、ジェフをまねて右手を握ってあげる。

「おすわり」と声をかけると、ジギーはちゃんとおすわりをした。

次は口にくわえたものを飼い主に命令されるとちゃんと放せるかどうかのテストだ。

おもちゃをジギーにくわえさせる。

「引っ張れば放しますよ」

夫がおもちゃの端を引っ張ると、ジギーはすぐに口から放した。

「できた。いい子だね」

夫婦が口々にジギーをほめる。その光景を見守るジェフは目をしばたたかせている。

それはジギーがほめられたことへのうれしさからなのか、これで里親が決まればお別れだという、寂しさからなのか。おそらくふたつの気持ちがないまぜになっていたのだろう。

夫婦は「今日はありがとう」とジェフにお礼を言い、握手をして帰っていった。ふたりを見送るとジェフはジギーを後ろから抱き上げた。その仕草は、「よくやったよジギー」、そして「行っちゃうのか、ジギー」とつぶやいているようだった。

ドッグ・プログラムでは、犬の里親を決めるために、家族の希望を一方的に聞くだけではなく、里親となる家族の生活環境も必ず調べる。家庭訪問もする。一度は人間に捨てられた犬を、二度とつらい目に遭わせないためだ。

「いい飼い主を見つけてあげたいんだ。それが、ジギーのために僕ができる大切な一歩になるんだから」

ジェフは自分に言い聞かせるようにそう語っ

ジギーとの別れが近づいていたジェフは、
犬舎の中でジギーをいつまでも抱きしめていた。

た。犬舎に戻ると、床に座り込み、ジギーを膝とお腹の間に抱えるようにして、ジェフはいつまでもジギーに寄り添っていた。

今日お見合いにやってきた彼ら夫婦がジギーの里親になるのかどうかはまだわからない。しかし、ジギーとの別れはそう遠くない日にやってくる。

六 それぞれの家族

行き違いの気持ちを抱えて

スティーブン、アレックス、ジェフはどんな家庭で育ち、そして家族は彼らや事件のことをどう受け止めているのだろうか。ぜひ直接会って、話を聞きたかった。そんなぼくらの希望に、戸惑いつつも三人の家族は承諾してくれ、八月、ドッグ・プログラムの取材の合間をぬって、それぞれの家族のもとを訪ねることとなった。

ドッグ・プログラムに参加してひと月で驚くほど笑顔が増えたアレックス。彼は、オレゴン州の州都ポートランドからそう遠くないビーバートンという街のスペイン人街で育った。ウッドバーンにあるマクラーレン青年更生施設から車で一時間足らず。家族はいまもそこに住んでいる。

アレックスのすぐ下の妹、十九歳のジョアンナ・ロメロが、アレックスの育った家で出迎えてくれた。笑顔がかわいい快活な女性だった。母親は病気をして、いまは薬を飲んで眠っているそうで、出てこなかった。

ソファに腰をおろしたジョアンナは、にこやかに兄アレックスについて語り始めた。

アレックスが育った
ビーバートンの家。
妹ジョアンナが
明るく迎えてくれた。

「アレックスは昔はとっても社交的で女の子にすごいもてたの。私が学校に入った時、兄と同級の女の子が『アレックスの妹なの？　お兄さんかっこいいわね』ってキスをしてくれて、すごくかわいがってくれたほどだったわ。その頃の彼はサッカーが好きで、誰もが彼のことを知っているくらい社交的な、ごく普通のティーンエイジャーだったの」

——そんなアレックスなのになぜ不良の道にいってしまったんだろう？　何か問題を抱えていたのかな？

「事件を起こした前年に、彼は自殺未遂を図ったんです。鎮痛剤をひと瓶まるごと飲んじゃったの。救急病院に搬送されて、胃洗浄をして助かったんだけど。私から見たら人生うまくいってたのに、なぜいきなりそんなことを？って、すごく変な感じだったのね。周りの人は小さいことが積み重なって大きいことになってしまったんじゃないかって。もしかしたら周りの人が彼に期待しすぎたのかもしれない。私や家族にとって父親的存在だったから、周りに弱い人間だと思われたくなくて、いろいろ内側にためこんでしまって、爆発してしまったんじゃないかと思うわ」

ジョアンナは、自殺未遂を機にアレックスは転落し始めた、と言う。お酒をたくさん飲むようになったし、パーティ三昧で、麻薬にも手を出した。

「なぜそうなったのか理由はわからない。あんまり触れられたくなさそうで、その話をしたこともないから。自分自身をじわじわと死に追いやっていたような感じだったわ。

人生に対しても投げやりになってて。でも肝臓が悪くなってお酒が飲めなくなって、医者にこのまま飲み続けたら、三十歳まで生きられないよって言われて、お酒や麻薬もきっぱりやめたの。で、新学期が始まった九月には、すっかり人生が変わったの。また学校にもちゃんと行き始めたし、サッカーも始めてた。百八十度変わったようだったわ」

そんな矢先に事件は起こった。

——事件について聞いてもいい？

「母が洋品店をやっていて、週末はアレックスと私で店を手伝っていたのね。で、お店に一緒に行くはずだったんだけど、ちょうど上の兄が遊びに来ていて、アレックスは店に出なかったの。たしか夕方五時くらいにアレックスがやってきて、二十ドル貸してくれないかって言うから、どうぞって渡した。いまでも覚えてるんだけど、アレックスが振り向いた時にトラブルに巻き込まれないでねって注意したの。兄も帰ってきてたし、なんだかいやな予感がしたのね。実際に事件が起きたのは七時くらいだったと思う。買い物からの帰り道で、以前住んでいたトレーラーパークの前で、女の子がふたり泣きながら私の車を止めたのね。『どうしたの？　何があったの？　アレックスに何かあったの？』って聞いたら、アレックスじゃ

ジョアンナが見せてくれた、
小学生時代のアレックスの写真。

なくてミゲル（被害者）だって」

——事件がはっきりとわかった時、あなたとお母さんはどんなふうだったの？

「もう呆然としてた。信じられなかった。いまでも信じられないけど。アレックスが刑務所に入るなんて、想像もつかないことだった。家族全員がうちひしがれたわ。アレックスがどんな気持ちかと思うと、いたたまれなくなる。事件の夜、アレックスと話したんだけど、彼はもう一度子どもの頃に戻りたい、お母さんの腕の中に抱きしめられたい、お母さんに見守ってもらいたいって……」

ジョアンナの目から大粒の涙がこぼれた。

「事件前もそうだったけど、事件が起こってからはもっと絆が深まったと思う。私たちにとっては、アレックスはいつも同じアレックスだから」

——面会には？

「よく行ってたけど、彼は私たちが抱えている悲しみをぬぐい去ろうとしてくれて、わざと変な顔をしたりして私たちを笑わせていたわ。事件のことはあまり語らず、内に秘めてるって感じだった。彼は父親代わりで、やっぱり私たちのために強くいてくれようとしたんだと思う。もし彼が弱いところを見せたら、私たちが頼る場所がなくなってしまうから」

——いまやっている犬のプログラムのことは何か話す？

「ドッグ・プログラムを始めてからは、表情がすごく変わってうれしそうなのがわかるわ。どんなふうに犬を育てているのかよく話してくれるの。自分が育てた犬を里親に出してしまうのは悲しくないの？って聞いたら、悲しいけど、そうなるのは初めからわかっていることだし、それが俺たちの仕事だからって。以前は、刑務所なんて最悪だってよく言ってたけど、いまはできる限りのことを努力しようって言ってる。すごくいい方向に変わってると思う。何より以前に比べてすごく幸せそう」

人柄のよさそうなジョアンナの言葉からは、突然家族を襲った悲劇に戸惑い、しかし大好きな兄アレックスと一緒にそれを乗り越えようとしている強い思いが、ぼくらに伝わってきた。

ジョアンナが話の合間に見せてくれた小学校時代のアレックスは、目鼻立ちがきりりとした端正な顔をしていて、女の子に人気があったというのもうなずける。快活で社交的だったという彼の幼少時代は、ぼくらが最初に出会った頃のアレックスからは想像もつかなかったが、事件が与えた衝撃があまりにも大きすぎたのかもしれない。

兄たちのように不良にはなってほしくない、と周りがアレックスに期待をかければかけるほど、それが彼には重圧となっていたのか。しかし家族からの期待という重圧は、反面から見ると、じつは彼にとっては支えとなるものではないだろうか。少なくともジョアンナたち家族のアレックスへの愛情は、これからのアレックスに大きな支えとなっていくに違いない。そんなことを思いながら、ジョアンナの家をあとにした。

ドッグ・プログラム最年少二十歳のジェフは、中学の時クラマスフォールズにある父の家に引き取られた。クラマスフォールズは、カリフォルニア州にほど近いオレゴン州の南に位置する。父ケン・マルティネスは、再婚相手の妻、ジュディンと一緒にぼくらのインタビューに応じてくれた。三十六歳の若い継母には連れ子の小さな男の子が三人いる。まず、父が口火を切った。

「アイツの母親がいろいろ問題を抱えていたから、ふたりでジェフを引き取ることにしたんだ。引き取ってできるだけのことをしてやりたいと思ったんだ……うん、まあそうだよ」

最初はジェフも家族といられることを喜んでいた様子だったと言う。

「それまで好き放題やってたから、我が家のルールを守れないこともあったけど、それでも最初はなんとかやってるようだと思っていたんだけど」

と父がひと呼吸おくと、すかさず継母が横やりをいれる。

「悪いやつらとつき合うようになって、彼を元に戻してしまったのよ」

——悪い人たちとつるむようになった理由はなんだと思いますか？

「俺たちへの反抗心だよ。髪の毛を伸ばしたり、夜遅くまで遊んだり、スケボーを始めたり、酔っぱらって帰ってきて吐いたり。感情の起伏も激しくなってたし、家に帰りたくないんだとは気づいていたよ」

——何歳の頃の話ですか？

「たぶん十四歳か十五歳くらいだね」

——ジェフが事件を起こしたのは何歳でした？

「十六歳でしたよ。手の施しようがなかったのよ」と継母がすかさず答えた。

「私はいつも頭にきてたわ。私の子どもたちには彼のようになってほしくなかった。子どもたちに彼の姿を見せたくなかった。彼にとっても辛かったとは思うけど、とにかく手のつけようがなかったんだから」

ぼくらはジェフから、新しい家庭に居場所がなかったと聞いていたが、一方で父と継母は、ジェフが家庭に災いを持ち込んだという思いを抱いていたようだった。同じ家族でも、見ている景色はだいぶ異なる。継母は、ジェフのことよりも自分の子どもを守りたい、その一心だったということがよくわかった。

ジェフの父ケンと、ジェフには継母にあたるジュディン。彼女はまだ36歳の若さだ。

「自分勝手に聞こえるでしょうけど、彼が私の子どもから離れてくれてホッとしたわ。家族は一致団結することがなかなかできなかったし、何かをみんなで一緒にする時には、空気が張りつめていたんですよ」

——警察にいるジェフから電話がきたと聞いたんですが、その時はどういう気持ちでしたか？

「底が抜けてしまうような気持ちだったよ。心臓発作を起こしそうな。でも彼は最初やってないって言ったんだ。ずっとやってないって言い続けた」と父が話を引き取る。

——その時彼を信じたんですか？

「ああ。彼の友だちが全部自分がやったと自供して刑務所に送られた。ジェフは釈放されたんだけど、結局友だちがジェフもやったんだと警察に言ったんだろう。結果的

ジェフが中学から姉とともに引き取られた父の家。
ここで父、継母と連れ子3人の合わせて7人が暮らしていた。

には、ジェフもやっていたんだよ。友だちは保護観察付きで十八ヵ月で釈放になったけど、ジェフは六年になってしまった」

――いまジェフとコミュニケーションは取れてますか？

「まあ、いいよ。彼はとても大人になったよ。刑期を満了するまでは、出られないということがわかってるから、そのなかでベストを尽くしていると思うよ」

――ジェフから連絡はありますか？

「ああ、週に一度は。無理な時は二週に一度は必ずね。手紙もくれるしね。いまは大学コースにも通っていて語彙《ごい》も増えて、最近じゃ俺の知らない言葉も使ってくるんだ。出所したら、家庭を持って、家を買って、人生を歩んでって楽しみにしているみたいだよ」

――ドッグ・プログラムについては何か話してますか？

「とても気に入ってると言ってたね。小さな仲良しくんができたって。あいつはこれまでも食堂で働いたり、運転手をやったりしてきたけど、あそこまで上りつめたのは光栄なことだよ。誰もがいけるところじゃないからね。食堂で揚げ物を揚げてるよりずっといいさ。食堂にいる限りはずっとフライ係だと思ってたからね。ほんとに幸せそうだ」

ジェフの変化を喜んでいる父親の横で、継母はそれに同意するわけでもなく、黙って座っていた。その様子を見る限り、ジェフとの確執は、彼女にとってまだ終わってはいないのだろうと感じられた。

ドラッグに溺れた母親のもとで育てられることを放棄され、次に引き取られた父のもとでは新しい母親とはそりが合わず、居場所が見いだせなかったジェフ。継母のジェフへの当時の思いを聞くにつれ、おそらく彼女は初めからジェフを受け入れらなかったのだろうと感じた。言葉に出さないまでも十分厄介者扱いしていたことはうかがいしれる。そんな状態では、歯車は悪いほうにしか回っていかない。たとえ言葉だけにしても、父がいまジェフを認め、ドッグ・プログラムの成果をとても喜んでいることが救いだった。

一頭目の犬、ハンターを見事に訓練し、わずか二ヵ月で里親に送り出したスティーブンは、オレゴン州の東南に位置するレイクビューという小さな町で育った。生まれた時にすでに両親は離婚しており、母親の手で育てられた。父親はスティーブンの出生を当時入っていた刑務所の中で聞いたという。父、デール・ムーディは四十七歳。いまでもレイクビューで一人で暮らしている。ぼくらは、スティーブンの妹、メリッサの案内で、父のもとを訪ねることとなった。着いてみると、彼の住まいはトレーラーハウスだった。キャンピング・カーを大きくしたようなもので、米国では一般に下層階級の労働者の住まいだ。父は、いまは土木関係の作業員をやって生計を立てている。口元に長くはやした髭は真っ白だった。

「スティーブンが生まれたと聞いた時は驚いたよ。うれしかったね。でも、別れた妻は、

レイクハウスにあるスティーブンの父がひとりで暮らすトレーラーハウス。
スティーブンの妹、メリッサに案内してもらった。

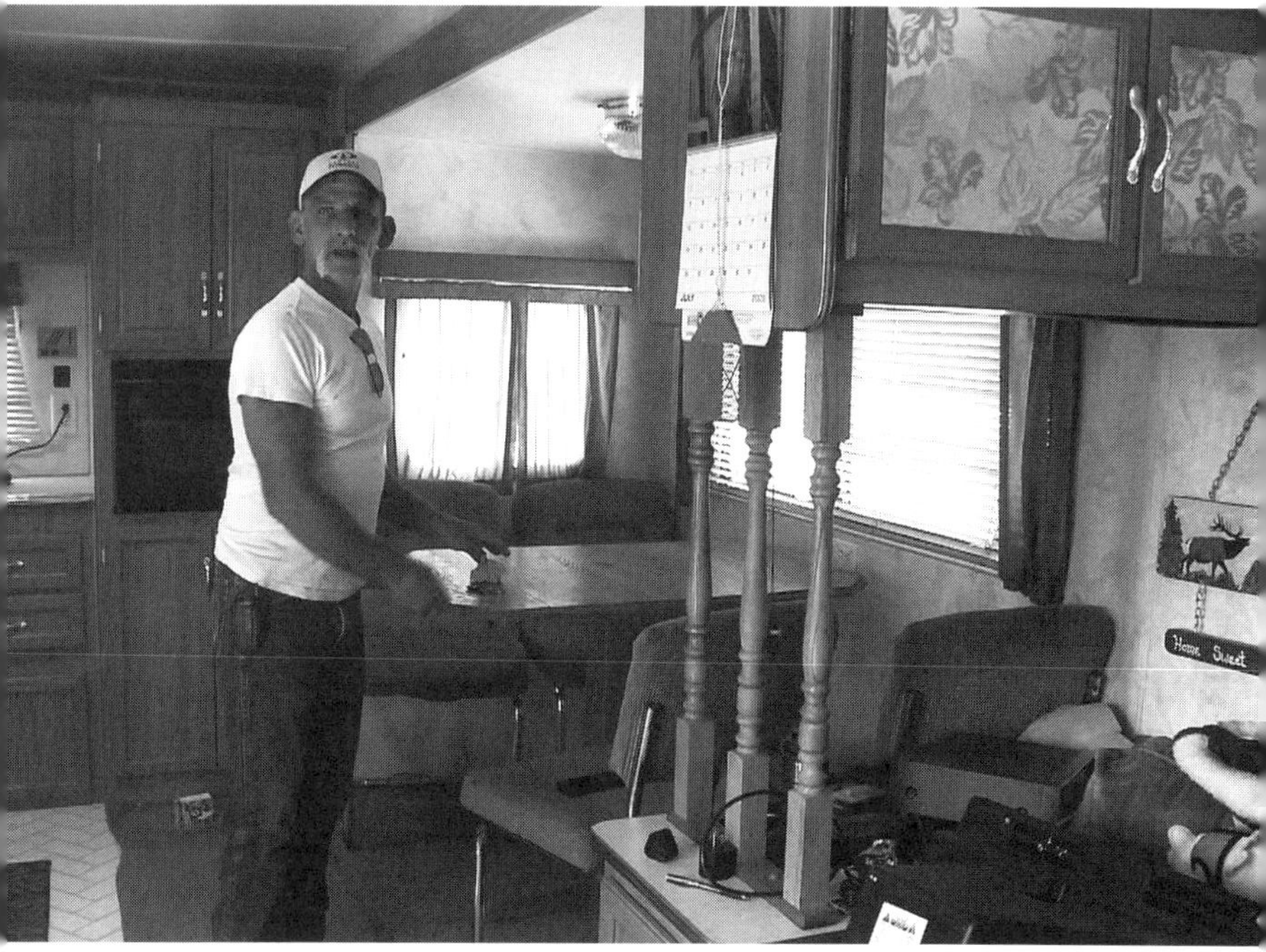

息子に会わせないと言ってきた。それから息子とは別々の道さ」

ようやくスティーブンが十歳の時、父は息子に会うことができた。

――その頃、スティーブンはどんな子どもでした？

「けっこういい子だったよ。まあ問題があった時もあったけど、平均的な子どもだよ」

――その頃でいちばん記憶に残っていることはどんなことですか？

「思い出話か……。やっぱり釣りに行ったり狩りに行ったりしたことかな。俺の友だちがボートから落ちて溺れそうになった時スティーブンが笑い転げたとか、キャンピングカーで俺が急発進したらスティーブンがひっくり返って大笑いしたとか、まあけっこう面白かったんだよ」

――問題を起こし始めた頃は？

「はっきり言って、アイツはそんな問題という問題を起こしてるわけじゃないと思うよ。子どもの悪さ程度のことさ。そんなのみんなやってることだよ。俺だってやってきたよ。まあ、俺のほうがもっと悪いことをしてきたと思うけどね（笑）」

――スティーブンが問題を起こしたということに父親として責任は感じますか？

「責任があるということはできるけど、子どもってそういうものさ。すごく敬虔なクリスチャンの家で育った子だって問題を起こす時は起こすし、だから俺は責任を感じないね。起こってしまったことはすごく残念だと思うけど、俺が問題を起こしたわけじゃないしね。まあ、この一連の事件はあり得ない話だよ」

話が事件のことに及ぶと、父の口調に熱がこもった。

父によると、スティーブンの誘拐事件は不可解なものだったらしい。事件はスティーブンの自宅で、彼が十四、五歳の頃に起こった。

その日はスティーブンの彼女が遊びに来ていた。スティーブンは彼女を自分の部屋に連れて行った。ところがそれが、彼女の意に反しての〝拉致〟と認定されてしまったらしい。その結果、スティーブンは「誘拐」で有罪となったのである。だが、父によると、家にはスティーブンの叔父がいた。ふたりは部屋に行く時に、叔父のいる居間を横切ったのだと言う。

「俺が知る範囲ではそれがすべてなんだ。この時代、腕を掴んで、隣へちょっと行こうよと引っ張っただけで誘拐になるんだ。五フィート（約百五十センチ）動かしただけでもダメなんだ。でも、俺にはそれが誘拐だとは思えない」

父はこう息巻いた。しかも、父の説明によると、警察がスティーブンを逮捕するまでに二年ないし三年の月日が経っていると言う。彼女は、〝誘拐〟された後で、ミシガン州へ引っ越していた。そして麻薬か何かで警察の世話になり、自らの過ちの原因をスティーブンの部屋に連れ込まれたことに求めたと言う。事件の発覚まで年月を要したのは、そのためらしい。そこから父は、

「もし本当に誘拐だったら、なんであの時に告訴されなかったんだ？　犯罪なんて起きていなかったんだ。あの女の子は、自分の罪をスティーブンとの一回のできごとのせいにしたんだ。もしかしたら、女の子の母親が何か吹き込んだのかもしれない」

とまで勘ぐっていた。スティーブンは事件について語らないし、父親もまた断片的な情報しか持っていない。そんな過去のことで、しかもその程度のことで懲役十五年の刑になってしまうものなのだろうか。ぼくらもまた釈然としなかったが、その後のインタビューでもスティーブンは最後まで詳しく語ろうとしなかったので、実際のところはわからないままだった。

「俺は息子を愛してるよ。起きてしまうことは起きてしまうんだ。頑張ってくれ、そして無事でいてくれって言うだけだよ。やつのためなら何でもするさ。でも、いまはドッグ・プログラムとかに入って元気でやってるって聞いたんだ」

父はスティーブンの幼い頃からの写真を何枚も見せてくれた。

スティーブンから父に電話があったのだと言う。トレーラーハウスの中には、スティーブンや姉、弟、妹の写真がたくさん貼ってある。ぼくらの前に、いつも持ち歩いているんだという写真の束を拡げた。

小さい頃のスティーブン、少年時代、逮捕される前に撮ったと思われる何枚ものスティーブンの写真があった。父にとって、家族の歴史は、写真の中で存在しているのかもしれない。父は写真の束をめくりながらこう語った。

「取り戻せない時間だとわかっている。でも、いまからやり直したいんだ。最高の思い出をつくってやりたい」

親たちそれぞれが自分自身の問題を抱え、子どもにまでなかなか手が回らなかったのかもしれない――。三家族へのインタビューを終えたぼくらは、幼い頃から過ごしてきた家庭やコミュニティの中で、まっとうに生きたいと思っても容易にはできない彼らの困難さが少しわかったような気がした。

スティーブンがこう語ったことがあった。

「失ったものは大きかったよ。幼い弟からの手紙に『お兄ちゃんがいてくれればいいのに』って書いてあるんだ。胸が張り裂けそうになるよ。本当は弟の成長を近くで見守りながらフットボールの試合にも行ってあげなきゃいけないんだ。家族は一緒にいなければばいけないんだ。それをできない状況にした自分は、本当にばかだったと最近思うんだ」

スティーブンに限らず、いま、彼らは、刑務所という隔離された一角で家族と距離を置き、もう一度家族というものをとらえ直そうとし、新たに再生させたいと願っている。自分が育てた犬を幸せな家族に託して、愛情をいっぱいもらってほしい、と言う彼らは、犬に自分たちの姿を重ねているのだ。


スティーブンの父の取材に行った翌日、ドッグ・プログラムに顔を出したぼくらに、スティーブンが声をかけてきた。

「うちの親に会ってきたのかい？　寒かっただろう」

スティーブンからぼくらに声をかけるということは、これまで一度もなかった。クールで淡々としていて、とっつきにくい印象だったスティーブンも、この一ヵ月半でずいぶんと表情が和らいでいた。ハンターを無事に卒業させたということも、さらに自信につながっている気がした。

そして、ハンターが去った翌日。スティーブンはさっそくジョアンから次の犬を引き渡された。

七 スティーブンの新しい犬

虐待犬に寄り添って

オレゴン州には動物保護センターが六つある。飼い主に捨てられたり虐待されたり迷子になったりした犬や猫などのペットが収容される。新たな引き取り手、つまり里親がどうしても見つからなければ処分される。

マクラーレン青年更生施設のあるウッドバーンからさらに南へ約三十キロ。ウィラメット動物保護センターもそのひとつだ。一九六五年に地元の市民によって設立されたNPO法人が運営しており、保護したペットに里親を見つけたり、動物への思いやりを持つ心を広めることを目指している。ここには、年間三千頭の犬が収容されるが、一頭ずつ犬舎に入れられていて、収容期限はない。気性が激しすぎたり公衆衛生上の問題を抱えていたりして、どうしても安楽死をさせなければならない場合も、慎重に判断したうえで、できる限り丁重に扱う。収容された犬のうち、三分の一はおそらく何かの拍子で迷子になったのだろう、探していた飼い主が引き取りに来る。三分の一が新しい里親に引き取られ、三分の一がセンターに残されているという。

プロジェクト・プーチでは、毎年、この保護センターから五十頭ほどの犬を引き出している。まさに命拾いした犬たちは、ドッグ・プログラムで訓練を受けてテストに合格することで、新しい家族のもとへ送られていく。ドッグ・プログラムは、人間の更生と同時に犬の命を救い、犬を飼いたいと思っている家庭に届けるという地域にとっても大切な役割を果たしているのだ。

ハンターが里親に引き取られた翌日、ジョアンは、車でウィラメット動物保護センターへと向かった。

「犬を探しにきたわよ」

ジョアンが言うと、すっかり顔なじみらしいセンターの女性職員が笑顔で迎えた。ジョアンは彼女の案内で、犬が一頭ずつ入れられた犬舎の前を歩く。一頭の

NPO法人が運営するウィラメット動物保護センター。年間3000頭の犬が収容される。
ジョアンはここにスティーブンの次の犬を引き出しにきた。

上／ウィラメット動物保護センターの犬舎の中。保護された犬は
一頭ずつ仕切られたスペースに入っている。
下／職員と犬について相談するジョアン。
真ん中にいるのが、これからジョアンが引き出す犬だ。

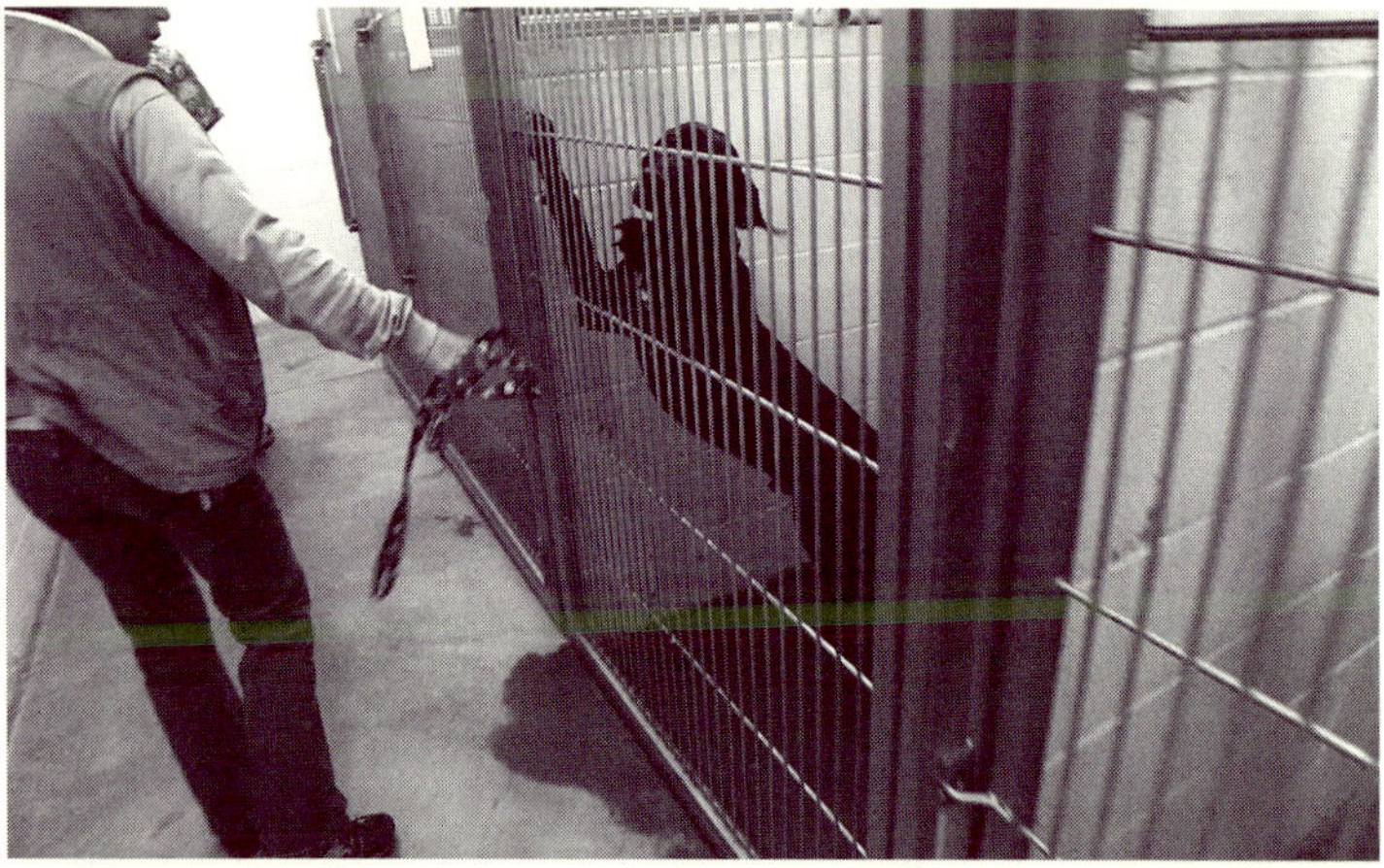

スペースは三、四平方メートルぐらいだろうか。女性職員はいちばん奥の犬舎の前で足を止めた。

一頭の犬が奥のほうからおびえた様子で、じっとこちらの様子を窺っている。

ドッグ・プログラムで通常訓練を受けている犬たちと比べるとずっと小さい。グレーと白の二色の毛がふさふさと生えている。

「このメス犬はとても怖がりなの。彼女は人間にひどい虐待を受けて、人間におびえるようになってしまったの」

女性職員によると、狭いところに閉じこめられて繁殖のためだけに飼われてきたと言う。人間の愛情を受けたことはないのである。ジョアンに優しく声をかけられて、こちらへ来ようとするのだが、ためらったり尻込みしたりして、また後ずさりしてしまう。

たまたまその場に居合わせたオレゴン州にある動物警察の女性調査官がこう説明した。

「食事、水、清潔な飼育環境。動物を飼う時には、この三つを満たすことが、オレゴン州の法律で定められています。しかし、この犬はとても汚れていて、食事も水も満足に与えられていませんでした。この犬を飼っていた責任者は、第一級動物飼育放棄の罪で逮捕されました」

飼い主は逮捕され、犬は保護された。二週間前のことだと言う。

女性職員にジョアンはこう言った。

「いま犬を必要としている新人は、学ぶべきことが多いの。彼は我慢が足りないの。この子のような犬を世話することで、彼の心は成長すると思うのよ」

ジョアンは犬を引き取る時、担当するメンバーの犯罪歴や性格を勘案したうえで、センターに相談し、そのメンバーにふさわしい犬を選んでいるようだった。

保護センターからマクラーレン青年更生施設に戻ったジョアンが、車から降りてきた。

「みんな集まって。スティーブンはこっちへ来て」

ジョアンのかけ声で、ドッグ・プログラムに参加しているメンバーたちがぞろぞろと出てきた。スティーブンだけが自動車の前に来るように指示される。

「この犬はひどい環境から来たのよ。繁殖用にだけ使われて、愛情はまったく受けていなかったの。でも私は、ここでこの犬を救うことができると思っているわ」

ジョアンは力を込めて話し、「スティーブン、車から出してあげて」と命じた。

スティーブンはやや緊張気味に自動車の後ろに回ると、ハッチバックのトランクを上げた。小さいキャリーケースに入れられた小さな犬がうずくまってこっちを見ていた。

「ハロー」

スティーブンの呼びかけに犬はこわごわと見返すだけで、扉を開けようとしてもケースの奥で固まったままだった。スティーブンがキャリーケースごと運んで、庭に置いた。

ジョアンが聞いた。

「どう？」

メンバーたちはこわごわとキャリーケースをのぞきこみ、

「赤ちゃんみたいだ」

「すごく小さいね」

「おびえている」

と言い合い、笑顔をうかべている。

「私たちのほかの犬たちと比べて小さいから気をつけてね。スティーブンと同じ青い目なのよ」

とジョアン。「おいで」とスティーブンが扉の柵の隙間から左の人さし指を入れたが、犬は後ろを向いてしまった。

スティーブンはキャリーケースを作業室に持っていくと、扉を開けた。まずは犬を外に出そうというのである。トゥ、トゥ、トゥ、トゥ。舌で音を鳴らしながら左手を差し出す。

「おいで、おいで」

「グッドガール、いい子だから」

哀願するように優しく声をかけるスティーブン。犬は、外が怖いのだろう、周囲を窺うように顔は出すもののすぐに引っ込めてしまう。結局、上のフタを外して犬を取り出すこととなった。

「大丈夫かい？」

スティーブンはびくびくしている犬のあごの下をやわらかくさする。その様子をジョアンが、少し離れたところから心配そうに見守っていた。

犬舎に連れて行き、中に入れても犬のおびえはおさまらない。スティーブンは犬の名前を「レキシー」と決めて、入り口のホワイトボードにサインペンで「Lexie」と書き込んだ。柵越しに「レキシー、レキシー」と呼ぶ。口笛も吹いたが、反応は、ない。

レキシーのおびえは、なかなか取れなかった。犬舎には犬が寝そべったりできるように、片隅に緑色の低い台が置いてあるが、その上に載せると、レキシーは直角に曲がった壁に背中を付けて小さくなってしまう。かがみ込んだスティーブンが「安心しな」とスキンシップを取ればよけいに逃げようと、壁に小さな体をすり寄せるようにして縮こまる。目も合わせてくれない。

繁殖で引っ張り出される時以外は檻に閉じこめられっぱなしで、人とのふれあいどころか、散歩をしたこともなく、外の世界をまるで知らない。そんな育ち方をしたのだから、人間を信用しないのは当然のことだ。

スティーブンが犬舎に入ると、片隅の台のそのまた端っこに逃げてしまう。手でなでようとするとバタバタと〝抵抗〟する。「安心して」「どうしたんだ？」。必死になだめようとするが、心を開くどころではない。

「俺と似ているかもね。俺も人に対して構えてしまうから。周りの様子を見てからでないと心を開けない性格だからね」

スティーブンはちょっと距離を置いて、レキシーの横に座りながらそう言った。

えさもスティーブンの見ているところでは口にしようともしない。スティーブンは作業室でドライフードにウェットフードを混ぜて、犬舎に戻ると、

「お腹がすいただろう」

とレキシーから少し離れた場所に置いた。レキシーが台から降りてきて匂いを嗅ぐ。しかし、ここまでだった。隣の容器に入っ

レキシーと名づけた2頭目の犬をなんとか慣れさせようと必死なスティーブン。

た水をちょろっと舐めただけで、顔を上げてしまった。

スティーブンはまた作業室に戻り、今度はチーズのかけらを持つと、再び犬舎へ引き返し、自分の手から直接与えようとした。

「食べるかい？」

相変わらず台の片隅に座るレキシーの口の前に手を差し出すが、レキシーは顔を背ける。床に置いてみたが反応はない。

「いらないの？」

スティーブンはあきらめて、レキシーの頭や耳の後ろをなでた。「グッドガール、いい子だ」。だが、レキシーはうれしそうな表情は見せず、どちらかというと、下を向いてなでられているのを我慢しているような様子だった。

「初めてのことばかりだから、まだ心を開かないね」

しょうがないさと言わんばかりに、スティーブンは犬舎をあとにした。


次の日、スティーブンはレキシーを抱き上げると、作業室へ連れて行った。トリミングをしようというのである。ブラッシング用の台に載せると、イアンがそばに来て、レキシーの毛をなでる。

「きれいにしてあげれば、絶対にかわいくなるよ」

スティーブンが言う。その時、スティーブンが何かに気づいて、声を上げた。

「ちょっと見てくれ」

イアンがすぐに戻る。スティーブンはレキシーの耳を裏返して上げた。

「耳のところに、ヘンな毛の塊があるんだ」

それは、汗や脂が毛に絡まってできた大きな毛の玉だった。レキシーがこれまでにケアらしいケアをまったく受けてこなかった証しである。ここまでかたまったものは、いくら念入りにブラッシングをかけてもほぐすことはむずかしい。

「切るしかないな」

イアンが器用にはさみを入れて切り取っていく。「よし、あと少しだ」。スティーブンは、切りやすいように周囲の毛を押さえている。「いい子だ、大丈夫だから」。やがて塊はきれいに取れた。

トリミングの次は歯磨きだ。スティーブンはレキシーの口を持つと、上手に歯ブラシを入れて磨いてゆく。扱いは手慣れたものだった。それから、体全体を軽くもみほぐしてやる。もちろんレキシーは緊張で固まったままだ。


五日目の朝。

スティーブンと話しながらレキシーの犬舎のほうへ歩いていたジョアンが、興奮した声を上げて立ち止まった。

「あれ見て！　いままで隅っこに隠れていたのに前に出てきたじゃない！」

見ると、レキシーが扉のところまで出てきている。これまでになかったことだ。うれしそうに笑うスティーブン。ジョアンは一足先にレキシーの前に行くと、柵の間から指を入れた。レキシーが指先をクンクンと嗅ぐ。初めて見せた犬らしい仕草だった。

しかもレキシーは、スティーブンからもえさを食べるようになった。犬舎の前で呼ぶと扉の柵までやって来て、スティーブンの指からえさを口に入れる。一回、二回、三回……。

「グッドガール、いい子だ」

スティーブンは感無量という面持ちで、えさをあげ続けた。

そのあと、スティーブンはレキシーを小脇に抱えて、ドッグランに連れて行った。ところが地面に降ろしてもレキシーは、身をすくめるばかりで動こうとしない。まるでうさぎのようにうずくまっている。ずっと繁殖用の犬舎に閉じこめられていて、外界を知らないのだ。人の手からえさをもらうことも、外に出してもらうことも、おそらくは何もかも初めての体験に違いない。いったい自分に何が起こっているのか、ここがどこなのか、不安でたまらないのだろう。スティーブンが「おいで」と声をかけても、警戒心を見せたまま、立ったり座ったり、きょろきょろ周りを見回すばかりだ。

路上に連れ出すと、ようやく歩き出してもすぐに立ち止まり、あちこちを見る。リズムよく歩くということがまったくできない。

「いい子だ。おいで、行くよ」

「行くよ、レキシー」

ピスッピスッピスッ。擬音を発したり、リードを持っていないほうの手で合図をしたりしてスティーブンが促すが、まったく効果はない。とうとうスティーブンはあきらめて、レキシーを抱えて歩き始めた。

「大変な旅だね」

ぼくらがそう声をかけると、

「やってみたい？」

とスティーブンが楽しそうに笑った。

レキシーはスティーブンに抱っこされながら、前脚を犬掻きでもするかのように回している。その仕草がおかしくてたまらないようで、スティーブンは、少し離れたところにジョアンの姿を見つけて声をかけた。

「(レキシーは) 本当は歩きたいんだね。まるで空中歩行の練習だよ」

ジョアンの笑い声が聞こえてきた。

この日の別れ際、スティーブンが犬舎を出ると、レキシーが初めて後を追って、扉のところまでやってきた。柵に前脚をかけて立ち上がり、帰っていくスティーブンを目で追いかける。レキシーがやっとスティーブンに心を開き始めた一日だった。

翌日、レキシーはちょっとした事件を起こした。

なにやら声が聞こえるので、ぼくらがあわててグラウンドに出てみると、スティーブンともう一人のメンバーが必死に走って何かを追いかけている。

その先に小さな姿が見えた。レキシーだ。散歩中、道路の上で突然リードをつけた首輪が頭からするりと抜けてしまった。フリーになったレキシーが逃げ出したのだ。ぐんぐん速度を上げて、木の茂みを抜けて再び広いところへ。小さな脚なのに、必死に追いかけるスティーブンよりはるかに速い。フィフィフィフィフィ。口笛を吹いても戻らない。

マクラーレン青年更生施設の敷地のはずれまで逃げたレキシーが少し足取りをゆるめたところに、スティーブンが前から近づいた。

「レキシー、おいで、おいで」

荒い息で、でもやさしくスティーブンが声をかけ、距離をつめていき、ようやくスティーブンはレキシーを捕まえることができた。スティーブンはレキシーを抱き上げると、一緒に追いかけてくれた仲間に言った。

「ありがとう」

仲間もレキシーの首のあたりをなでる。

「大丈夫かい？　頼むよ！」

レキシーに語りかけながら、安心したのか、スティーブンは空をあおぎながら豪快に笑った。

「彼女、足が速いね」

戻ってきたスティーブンにぼくらが声をかけると、

「ちっちゃな女の子なのにね」

とうれしそうに言った。

その騒ぎを心配そうに見守っていたジョアンも、笑顔で、

「走れるってわかってよかったじゃない」

とジョークを飛ばした。

その通りだった。犬舎の片隅の台の端っこで体をすくませていた最初の頃を思うと、大

首輪がはずれて逃走したレキシーをやっと捕まえて、
笑顔のスティーブン。

きな一歩である。

ドッグ・プログラムに参加して二ヵ月目。スティーブン自身もまた日に日に晴れやかな顔になってきた。

「急に自分の歩んでる暮らしから引き抜かれてこういう施設に入れられることになってしまったけど、そこを出た後にどう生きるかってことなんだよね。ここで学んだことが、少しでも自分を変えたり、学ぶことに意味があったのか、それともそんなの関係ない、とするのかは、すべて考え方次第だと思うよ。あと十一年出られないってわかっていても、いつか出た時に、普通に暮らして、家庭を持つということをぼんやりと思い描いたりしているよ。よりポジティブな生活を送り、ポジティブな人々に囲まれていればいいな、という希望は持ってるよ。ほんとにそうなんだ」

――あと十一年、どんなふうに送ろうかと考えていることはある？

「入所してからこれまでいろんなことを達成してきた。高校も卒業したし。もし外にいたら、高校は卒業してないだろうしね。酒も麻薬もキチンとやめたし。怒りをコントロールする治療もやった。できるだけ残りの刑期については考えないようにしているけど、ついつい考えてしまったりもするよね。こうなってしまった以上は、残りの時間をよりよい人間になるように頑張るだけさ。日々時間が過ぎていくと共にどうなるか見ていくしかないね」

――じゃあいまは負の気持ちは持ってないんだね？

「ああ、全然ないよ。一日一日こなしていくだけだよ。ああだったら、こうだったらいいのに、と嘆けば、余計に辛くなるんだから、この環境を受け入れていくしかないんだよ。今日は今日一日に集中し、明日が来たらまた明日、そうすればいいんだ。そうやって十一年過ごせばいいんだ」

――一日、一日だね。

「ああ、ほんとそうだよ」

十一年――気が遠くなる長い時間がスティーブンにも、そしてアレックスにもこの先続いていく。繰り返される日常のなかで、唯一大きな変化があるのは、犬たちの成長と卒業だ。犬を育てるということがこんなにも彼らの日々の糧になり、彼らの前向きな気持ちを支えているのだと、ぼくらも実感する毎日だった。

ある日、ドッグ・プログラムに参加しているメンバーが全員、建物の前に集められた。ジョアンが集まったメンバーに言った。

「リリィが昨日、引き取られた家で壁をかじってしまいました。ご夫婦がそれを気にしているので、リリィは戻ってくることになりました」

犬が家の壁や机やイスの脚をかじることは、特に幼い時などは珍しくない。それが許容されるかどうかは、人間の側のキャパシティーの問題でもある。だが、少なくともリリィの里親夫婦は、それをよしとはしなかった。

ジョアンの説明を聞いて、苦笑しながら複雑な表情を浮かべた青年がいた。横にいる仲間が励ますように肩に手を回す。青年は、リリィを育てたチャールズだった。

チャールズ・ロドリゲス、二十一歳。

仲間と、別のグループの襲撃に行く途中で麻薬が切れ、金ほしさにたまたま歩いていた人を襲って、しかも仲間が銃を撃ってしまった。幸いにも被害者は死にはいたらなかったが、顔と背中に二発撃ち込まれ大けがを負った。第二級強盗の罪で、仲間とともに逮捕された。マクラーレン青年更生施設に入所してもう四年。

犬が大好きだったチャールズは、刑務所内の作業室の窓から犬の散歩をしているドッグ・プログラムのメンバーを見て、いつか自分もあのプログラムに参加したいとずっと楽しみにしていたのだと言う。

「やっと入ることができてすごい感謝してるよ」

念願がかなったドッグ・プログラム。

「人間と犬は少し違うから、いろんな見方ができるようになるんだ。犬に教わることもある。犬はいま、自分の子どものようなんだよ」

里親から戻されてしまったリリィと、リリィの担当だったチャールズ。
リリィはチャールズと再会できてとてもうれしそうだった。

食事や排泄の世話、いいことと悪いことを教えるしつけなど、将来、自分が父親になる時のことをイメージしながら、責任感を持って犬たちを育ててきた。

「以前は人とちゃんと会話することができなかった。何を言おうか考えていても、頭の中が真っ白になって、緊張してどもっちゃって。このプログラムは本当に僕の助けになっている。ジョアンは、僕の言い分を聞かないで何でも決めつけることがあってむかつく時もあるんだけど、でもそういう時も我慢することができるようになった。怒りにまかせて自分の思っていることを言うのではなくて、一瞬立ち止まって、言葉を選んで反論するか、あるいはあとでもっとよい言葉を選んで話したほうがいいのかを考えるようになった。ほかの人にも同じだよ。社会で生きていくスキルをここでは教えてくれるのさ」

チャールズは社会復帰を見据えて、マクラーレン青年更生施設の中の大学にも通っているし、手先が器用なことを活かして木工の授業を受けていて、出所後に使うためのテーブルを製作していた。ほかにも、ジムで筋肉トレーニングをしたりレクリエーションに出かけたり、夕食後も外に出て運動したりしている。ここでいちばん学んだのは、揉め事にまきこまれないようにすることだと言う。忙しくすることが揉め事に巻き込まれないことにつながる、とチャールズは言っていた。

というのも、マクラーレン青年更生施設の中でさえ、受刑者から麻薬をすすめられることがあるのだと言う。ドッグ・プログラムの若者たちを見ているとつい忘れてしまいそうになるが、ここは刑務所なのだ。スタッフの目を盗んでのケンカもあれば、悪への誘惑もあるというのもまた現実なのだ。

「あとからわかったんだけど、被害者は俺の近所に住む人で、姉の彼氏の友人だったんだ。いまは接触を持てないけれども、出所後に会って謝罪したい。同じ過ちを繰り返さないために僕にできることは、自分が変わることなんだ」

リリィは、そんなチャールズが自信を持って送り出した犬だった。それだけにチャールズのショックは小さくない。いっぽうで、戻されたリリィのほうは、久しぶりに会えたチャールズに、うれしくてしっぽを振りっぱなしだった。チャールズはひとしきりリリィを遊ばせて、犬舎に一緒に入ってやる。リリィはチャールズの顔をペロペロと舐めていた。

「リリィが戻ってきたのはつらいね。いい犬だから心が痛むよ。だって、外には広い世界があるのに、戻ってくれれば僕らのように閉じこめられて生きなければいけない。一日も早くいい家族のもとへ行かせてあげたい。ここではない場所にね」

マクラーレン青年更生施設は、人間にとっても犬にとっても、「ここではない場所」へ再び羽ばたくためのトレーニングセンターに過ぎない。舞い戻ってきてはいけない場所なのだ。リリィはもう一度訓練のやり直しだ。次こそ安住できる家庭が見つかってほしい。チャールズに会えてうれしそうなリリィを見て、ぼくらもそう思わずにはいられなかった。

八 犬たちの旅立ち

幸せにつながるゴール

九月。二度目の訪問から約一ヵ月後、ぼくらは三度目の取材に訪れた。秋のやわらかい陽射しがマクラーレン青年更生施設の芝生の広場や道路の上に降り注いでいた。ここを初めて訪れてからもう三ヵ月が経っていた。

今回の訪問は最後の取材だった。一頭の犬を育てるのにほぼ三ヵ月。三人の新人が一頭の犬を訓練することで、犬との関わりはどのように変化するのか、犬はどう変わるのか、そして彼ら自身がどんなふうに変化していくのか、それを見届ける三ヵ月だった。

ジェフとアレックスは、それぞれジギーとオレオの旅立ちの日を迎えようとしていた。スティーブンと二頭目の犬、レキシーはすっかり打ち解けていた。レキシーは見違えるように元気になって、スティーブンを親のように慕っている。スティーブンが犬舎に近づいてくると、柵のところまで駆け寄り、鼻を寄せてくる。見つめるスティーブンの目も、優しい。

「さあ、行くよ」

散歩中もスティーブンのそばにピッタリ付いていて、何度も立ち止まっては、スティーブンを見上げる。

「レキシーはゆっくりだけど、確実によくなっているよ。彼女にとっては、心を開くことがいちばん大切だからね。ここまで変わったなんて、僕も驚いているよ」

スティーブンはそう語った。

そうはいっても、知らない人が「かわいい犬だね」と近寄ってくると、レキシーはスティーブンの後ろに隠れてしまった。スティーブンは、人見知りする子どもの親のように、苦笑いしつつもうれしそうな顔になった。


——元気？

ぼくらはすっかり表情が明るくなったアレックスに挨拶した。

「とっても」

——オレオは？

「絶好調さ。俺の言うことはよく聞くし、ほんとにいい犬だよ。この前、オレオがジョアンさんと一緒に里親の家庭訪問に行ったんだ。オレオもすごくうれしそうだったし、家族も喜んでくれてたって聞いた。オレオは子どもと接するのもうまかったようだよ。ここで俺たちが与えてやれる以上のことを彼らは与えられるだろうから、すごくうれしいんだ」

これまでにオレオに教えたことを見せてくれる？と頼むと、アレックスはオレオと一緒に実演してくれた。オレオを横につかせて歩く。アレックスが止まったらオレオも止まる。「おいで」と呼んだらすぐに戻る、「おすわり」でちゃんと座る。「待て」で次の指示があるまでその場で動かず待つ。

「『おいでおいでおいで』って何度も言わなくてもいいんだよ。何度も言うと、結果的にただの音にしか聞こえなくなってきちゃうからね。『オレオ、おいで』、その一言でいいんだ。最近は、なんにも言わなくても俺の顔を見ただけで、俺が望んでいることがわかるんだ」

オレオは、最初の頃はアレックスの言うことを全然聞かず、どこかへ行くと呼んでも戻ってこないから捕まえに行っていた。えさを食べている時にアレックスが近づくと唸ることもあったほどだ。オレオはこの三ヵ月の間に大きく成長していた。

ただアレックスは、オレオと親しくなりすぎないように注意してもいた。いつか自分から離れてゆく時に、新しい家族となじむことがもっとも大切になるからだ。

「ほかの人でも大丈夫なように、その日の準備はしておかないとね。オレオは素敵な犬だよ。人が大好きだし、すぐになつく。とても良い犬さ。最初は俺のことを恋しくなるかもしれないけれど、すぐに慣れると思う。うまくやっていけるよ」

アレックスはそう話していた。

ある日の朝、アレックスとジェフがドッグ・プログラムの責任者のジョアン・ドルトンに事務室に呼ばれた。

「話があるから座って」

椅子に座るふたりに向かって、立ったままジョアンが告げた。

「二人とも今日までオレオとジギーの面倒を一生懸命見てきたわ。彼らは明日新しい家に行きます。必要なものを準備してね。彼らとの残りの時間を楽しむのよ」

「はい」と小さく返事をして二人は立ち上がった。

――明日がオレオと過ごす最後の日なんだね。どんな気分？

ぼくらがそう尋ねると、アレックスはこう答えた。

「いまちょうどそのことについて考えていたんだ。とても気分はいいよ。初めて受け持った犬が失敗しないで、ちゃんといい家に行くんだから。午後に会えるのは今日が最後なんだ。だから、いつも以上にあいつと触れ合って抱きしめてあげようかな。もう二度と会うことはないだろうからね。さっき、俺がトイレに行くからアダムにオレオを見てもらってたんだけど、俺が帰ってくるのが見えたら、飛び跳ねて俺のところに来たのさ」

――じゃあオレオもきみのことを恋しくなっちゃうね。

「そうだろうけど、すぐに慣れるさ。きっとうまくやっていくよ」

そう言って、アレックスは、犬舎に向かった。周りに、

「犬を出すぞ！」

と声をかけて犬舎の扉を開ける。オレオが待ちきれずに飛び出してきた。

木材チップを敷き詰めたドッグランに入ると、オレオは、チップを巻き上げながら駆け回る。アレックスが、ドッグランの隅に置かれているテーブルに座って足をベンチの上に投げ出して座るとオレオもテーブルに駆け上がった。

アレックスはオレオを左腕で抱えて、お腹やあごの下あたりをなで回した。

「グッドボーイ」

これまでに何度となくかけてきた言葉をかける。

そこへ、リーダーのイアンがやってきた。これまでに十頭以上の犬を育ててきたイアン。里親に送り出す時の気持ちを何度も味わっているからだろう。アレックスを気遣うように声をかけていた。

「オレオは元気か？」

右手でオレオの頭をなでる。しっぽを振るオレオ。

「とても元気だよ」

「本当にいい犬になったな」

「ああ、とってもいいよ」

テーブルからチップの上に降りたオレオを、しゃがんだイアンがかわいがる。

「いなくなったら泣くんじゃないか？」

「俺は大丈夫だよ」

アレックスがうつむき加減に笑う。イアンが畳みかけた。

「泣きたいなら、俺の肩を貸してやるぞ」

「ハハハ……大丈夫だって」

イアンが言い終わらないうちにアレックスは笑いだした。


——この三ヵ月でアレックスは変わった？

とイアンに尋ねてみた。

「ああ、犬に対しての知識がすごく増えたね。訓練も要領よく覚えていったし」

——性格も変わった？

「ここに来るまでのアイツのことはよく知らなかったんだけど、ここに来てからはいつも礼儀正しいし、付き合いやすいヤツだよ。反応もいいし、冗談とかもけっこう言うし」

——三ヵ月前はあんまり人と話さず冗談も言ってなかったようにぼくらは思ってたんだけど。

「まあ、新しい環境にはいろんなやつがいるからね。とりあえず様子見してたんじゃない？　確かにその頃に比べるとよくしゃべったり質問もしてくるようになったかな。

俺はわからないことがあったらちゃんと聞いてくるやつが好きだけど、彼はまさにそういう人間なんだよ。このなかには誰にも質問もしないやつもいるからね。俺は基本的に『閉じている口にはえさはやらない』という信念なんだ。何かを成し遂げようとするやつが、わからないのに質問もしないでどうして成し遂げられるんだって思ってるのさ。犬は、人間の内にこもっているものを引き出してくれるっていうところがあるからね。それに犬は、人間がどうしたらいいんだと思っている時に、それとなく助けてくれる。そう、まったく犬は人を助けてくれるものなんだよ」

イアンはそう言った。

ぼくらはこの三回の取材を通して、アレックスに幾度となくインタビューをしてきた。それもそろそろ最後になる。明日オレオがもらわれていくという日の夕方、犬舎から寮に戻ったアレックスに、これまでの人生、これからのことをじっくりと聞いてみることにした。

——妹のジョアンナが、父親がいないから、周りがきみを父親がわりとして、いろいろ求めすぎたんじゃないかって言ってたけど、どう思う?

「ジョアンナにもそれは言われたことがある。だけど……、そんなの買いかぶりすぎだよ。俺はこんなところに入っているのに、まだそんなふうに高く評価してくれるなんて。

兄貴として当たり前のことをやってただけさ」

――事件が起きる前、鎮痛剤を飲んじゃったと聞いたんだけど……。

「その年の初めくらいから、酒を大量に飲むようになって、麻薬も始めたんだ。それまで俺は悪い仲間に誘われても入らず、周りの人間からも兄たちのような不良にならないでと言われ続けてた。みんなをがっかりさせたくなくて頑張ってたんだけど、なんだか何もかもがいやになって、酒を飲み遊び歩くようになって、何に対しても責任を持たなくてもいい状態が居心地よくなってしまった」

――周りの期待に疲れちゃったのかな？

「なんだったのか自分でもよくわからないよ。……考えられるとしたら、当時、俺が生きている意味は、すべて母親に『誇りに思ってる』って言われるためだけだったと思う。うちは家族としてきちんと機能している家庭ではなかったから、母親が子どものことを気にしてくれているって思えなかったんだ。いまはやっと、母親だって、三人の子どもを育てながら、持っている愛情をぼくらに伝えきるのがむずかしかったんだろうって気づいたけどね。あの頃は『母さんどうなってんだよ』って。家族がいても、いないようなものだったからね」

――きみが人を殺してしまったとわかった時、その瞬間きみはどんなことを考えたの？

「信じられなかった。死んだと知らされた時、泣き出してしまった。こんな一瞬で自分の人生を捨ててしまった。もう何をすることもできないし、元にも戻れないって」

――お母さんと話したのはいつ？　どんなことを話したの？

「警察に捕まって三時間後くらいに母親が来て、警察が母を部屋に入れてくれて、話をさせてくれたんだ。お母さんはものすごく泣いていて、その時、本当に母親は心底俺のことを気にかけてくれていたんだって実感した。それを目の当たりにして、母親にこんなに悲しい思いをさせてしまって、すごく罪悪感を持った。やるせなかった。とにかく本当に申し訳ないって言い続けたよ」

――被害者家族についてはいまどう思う？

「俺はいずれ家族の元に戻れるけど、彼は二度と家族の元に帰ることは……不可能なんだけど、彼が家族の元に戻れればいいのにって思ってる。被害者の家族の心に平安が訪れるように祈りを捧げている」

――彼らにどういうふうに償っていきたいと考えてる？

「まずは自分がちゃんとまっとうな人間になること。変わりたいんだ。周りの人も助けられるようになって、ここを出た時にきちんと社会に貢献できるようになりたい。もし俺が通った道を歩んでいる子どもや若者がいたら、その先にどんなことが待ち受けているか、教えてあげたい。自分が正当な道を生きるには人生を変えなければならない。そうすれば、自分が犯した過ちを通して、人々に教えてあげることができる。人と分かち合うこともできるかもしれない。そんなふうに人を助けていきたい。ここで、いま自分がよいことをしているって思える。それは、自分が人間なんだって思わせてくれるんだ」

夜が明け、いよいよ、オレオと別れる日がやってきた。九月のオレゴンの朝は、最低気温が十度前後まで冷え込む。この日もひんやりしていた。

ドッグランのすぐ外で、ベンチの前の地面にアレックスとオレオが座り、記念撮影をしていた。アレックスは濃いグレーのジャンパーにジーンズ、オレオはいつもと同じ青い首輪をしている。カメラマンはジョアン。

「笑って」

一眼レフカメラを覗いたジョアンが声をかける。この写真は、アレックスと初めての犬オレオの思い出の一枚になった。

アレックスは事務室へ入ると、ソファに腰掛けながら、オレオの首に犬の顔がプリントされたバンダナを巻いた。アレックスは名残惜しそうに、愛おしそうに指先で黒い顔をさすり、なでる。ゆっくりと一回、二回……。これが最後の愛撫である。

「オレオ、行こうか」

決断するようにオレオに声をかけると、立ち上がった。

ドッグランには、里親になる家族が待っていた。白人の母親と六歳ぐらいの男の子。前に家族で見学に来た時、この男の子が、一目でオレオを気に入ったのだという。

男の子は、オレオが近くに来ると、はしゃぎだした。母親は首のあたりをさすって歓迎の気持ちを伝える。オレオもジャンプして喜びを表す。男の子は「やったね」と両足を開いて二度、三度ジャンプした。

アレックスは、里親の前で短い時間、オレオとボール遊びをした。オレオがボールをくわえて戻ってきたら、ご褒美のおやつをあげる、二、三回繰り返してから、家族とともにドッグランを出た。

「いい犬なんですよ」

オレオを連れて歩きながら、アレックスが母親に言った。

「そうね」

「捨て犬だったんです。こんないい子なのに」

アレックスが心配していると思ったのか、母親は笑顔でこう言った。

「いい家だから安心して」

オレオが去る日、アレックスとオレオの最後の記念写真をジョアンが撮った。

男の子は少し前をスキップしている。うれしそうだ。アレックスはオレオに視線を落とすと、「これでいいんだ」と小さな声でつぶやいた。

先に待っていたジョアンに、オレオのリードを渡した。

「ありがとう」

母親がアレックスを抱きしめてお礼を言う。

「グッバイ、オレオ！　気をつけて」

こうしてオレオは去った。

アレックスは踵《きびす》を返すと、プログラムの事務室のほうへ早足で歩いていった。一度も振り返ることなく。事務室に戻ったアレックスは、マグカップにコーヒーを淹《い》れて椅子に座り、大きな溜め息をひとつつく。それから仲間に、

「オレオは行ったよ」

と二度繰り返した。

――いまどんな気持ち？

ぼくらが尋ねると、アレックスは率直に答えた。

「悲しいね。予想した以上に悲しいよ。でも、素敵な家族に思えたし、特にお母さんがね。だから、すごくうれしい。ここでは、オレオに一日五時間から五時間半ぐらいしか会えないからオレオは暇を持て余しちゃうけれども、家族とはずっと一緒にいられる。

ここを去ればいいことが待ってるよ」

――三ヵ月間オレオと過ごしてきたわけだけど、いまは幸せと悲しみ、どっちの感情が強いの？

「たぶん、いまは悲しみかな。もう会えないだろうから。でも、乗り越えられるよ。新しい犬も来るしね」

――オレオを引き渡す前に、オレオと最後のボール遊びをしてたよね。あれはどうして？

「オレオとボールで遊ぶ時はこんなふうに遊ぶんだよって教えたかったんだ。オレオは、ボールはくわえるんだけど、戻ってこないで走り回るくせがあるんだ。だから、オレオが戻ってきたらご褒美のおやつをあげる。おやつを見せれば、ボールを口から落とすでしょ。それを何度も繰り返して、そのたびにおやつを見せながら『落として』ってオレオに言うんだ。そういうことを伝えたかったからね。それに、男の子もオレオも遊びたがってたし」

アレックスは、里親に訓練の成果もちゃんと見せた

オレオを迎えにきた里親家族。男の子はうれしそうにぴょんぴょん跳ねていた。

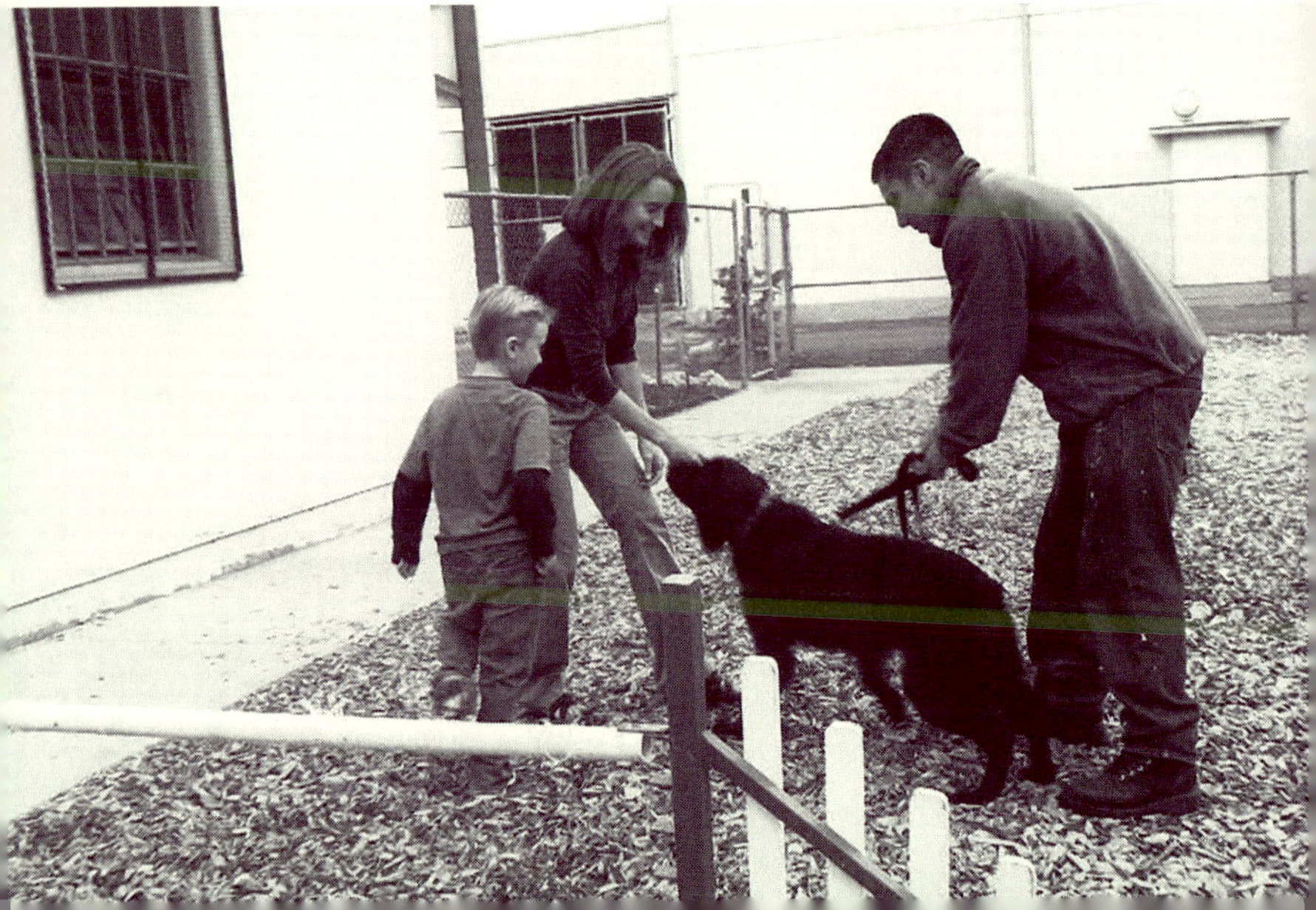

かったのだろう。しかし、最後のボール遊びをしたかったのは、本当はアレックス自身だったのかもしれない。

事務室を出たアレックスは、オレオがいた犬舎をのぞいた。入り口の柵に、犬の名前が書かれた白い紙がはさまれている。表札のようなものだ。アレックスは空き室になった犬舎を片付け、「OREO」と書かれたその白い紙をはずして、丁寧にたたみ、そっとジーンズのポケットにしまった。

ジェフにもまた別れがやってきた。

別れの前日、ジェフはジギーの犬舎に入ると、大きな重そうな体を高々と抱き上げた。ひとしきりジギーとたわむれるが、ジェフの表情に笑顔はない。話しかけるのもはばかられそうな雰囲気だった。

「寮に帰る時間だぞ」

オレオが去った後、オレオがいた犬舎に残された紙の表札。
アレックスは、この紙を折り畳んでそっとポケットにしまった。

とイアンに声をかけれられて、ジェフは立ち上がった。

「別れの準備はできたか?」

「ああ」

ジェフは感情を押し殺したような顔で、一度もジギーを振り返ることなく、犬舎をあとにした。ジギーは立ち上がって前脚を柵にかけ、ジェフの後ろ姿を見えなくなっても追いかけていた。

いよいよ別れの日、薄曇りのもとで、最後の散歩が始まった。ジェフは"Project POOCH"とプリントされたグレーのTシャツにジーンズというい つもの格好だ。ゆっくりと歩きながら、そばにいるぼくらにこう語った。

「ジギーが去るのは、僕にとっても幸せなことさ。出会った頃、ジギーは何もできなかったから、ひとつひとつが感動的だった」

思いはいろいろあるに違いない。しかし、ジェフは硬い表情のまま、感情を抑えているようだった。散歩を終えて、作業室に戻ると、犬の絵が描いてあるエプロンをつけ、ジギーをシャンプー台に載せる。

「最後にシャンプーしてやるんだ」

洗いながら顔と顔を近づけて、

「いい子だ、ジギー」

「おまえは幸せな犬だよ」

とつぶやく。

きれいになって赤いバンダナをつけてもらったジギー。

「平和な場所へ行くんだよ」

ジェフは最後にそう声をかけて、ジギーとともに里親がやってくるドッグランに向かった。

向こうから、両親と男の子がふたり、そしてジョアンが歩いてくる。

ジェフがリードを放すと、ジギーがその男の子目がけて走り出した。笑いながら全身でジギーを受け止める男の子。

ジェフの肩を叩いて挨拶を交わした父親も、ジギーの体をなでて軽くポンポンと叩いて歓迎した。

彼らは、ジェフがつくったチラシを見て見学にやってきた。家族とジギーが出会った時、ジェフは、ジギーがとても居心地よさそうにしていることを感じ取ったという。男の子がふたりいることも決め手の一つだった。きっとジギーには楽しいに違いないだろう、と。

ここにやってくる里親希望の家族を見ていると、刑務所で受刑者たちが育てた犬を引き取る、ということに抵抗感も偏見も抱いていないようだった。というよりむしろ、このプロジェクトをサポートしよう、応援しようという気持ちが強い。ドッグ・プログラムは、ジョアンや犬を訓練する当事者の熱意だけでなく、こうした地元の人たちにもまた支えられ、成り立っているのだということがよくわかった。

ジェフは、いつもはドッグランの出口でジギーをおすわりさせてから出しているのだが、今日はおすわりなしで歩かせた。

「今日は特別なのさ」

いよいよ別れの時、ジェフはしゃがんでジギーを抱き寄せた。顔やあごの下から背中まで全身をなでる。

「寂しくなるよ。いい犬だ。……ジギー、じゃあまたな。……新しい人生を

ジギーを迎えにきた家族。この男の子がジギーを一目で気に入った。

楽しむんだぞ」

立ち上がって、里親にリードを託す。

里親家族と去っていくジギー。

ジェフは事務室にとぼとぼと戻りながら、何度も振り返ってはジギーの姿を追いかける。いよいよジギーの姿が見えなくなった時、

「ジギーィ」

と語尾を伸ばして小さくつぶやいた。


アレックスやスティーブンに比べると、ジェフは、このプログラムを訓練というよりむしろ「犬と一緒にいられて幸せな時間」だと思っている節があった。「ただ遊んでいるだけじゃだめよ」とジョアンから注意を受けてきたジェフだが、ジギーに愛情を注ぎ、ジギーからも熱烈な愛情を受けることで、ずいぶん変化があったようだ。ジョアンは、

「ジェフはほんとに自信がついたと思うわ。自分が育てたんだということにとても誇りを持っている。この前もプロジェクト・プーチの運営委員が訪問した時、彼はお気に入りのシャツに、犬の訓練士のピンをつけたがったのよ。ジギーが果たした役割は大きかったの」

犬の訓練士の資格は、捨て犬などを再び家庭犬として訓練する技術者に与えられるも

ので、筆記試験と実技試験がある。ジェフの教育係オーランドが必死に勉強していた資格試験だ。この資格を持っていると、出所後、犬を扱う仕事に就きたいと思った時に有利なのだ。ジェフもこの資格の証であるピンをいつかつけたいと思っている。

――ジギー、行っちゃったね。どんな気分?

「いい家庭に引き取られたからね、いい気分だよ。初めての犬がいなくなったのは悲しい。ジギーとは本当に心が通い合っていたしね。でも、長い目で見ると、ジギーにはもっといい人生を送るチャンスが与えられたわけだから、うれしいよ。いい家庭を見つけてあげられたしね。いや、向こうがジギーを見つけた、ともいえるかな」

麻薬に手を出してしまった母に子育てを放棄され、さらに引き取られた父の家庭では、継母とまったく折り合えなかったジェフ。大きくなるまでほとんど受け

ジェフとジギーの最後の記念撮影。

ることのなかった「愛情」を、このプログラムで受け取ったのかもしれない。

ジェフは最近、継母と連絡を取り合うようになったのだと言う。

「彼女、犬が好きなんだ。ジギーの話を聞きたがってくれて、僕がジギーの写真を送ったら、額に入れて飾ってくれてるって」

麻薬中毒になっていた実の母も、薬をやめ、いまでは落ち着いた生活を送っていると言う。

「ちゃんとした人生を取り戻していて、いま彼女はすごく幸せなんだ。そんな姿を見て僕も本当にうれしい」

ジェフと両親が少しずつ歩み寄っている話を聞いて、悪いほうへ悪いほうへと転がってきたジェフの人生がようやく前に動き出したのだと思った。


一方、スティーブンと二頭目の犬、レキシーの訓練は続いていた。庭でレキシーとくつろぐスティーブンに声をかけた。

――レキシーにどんな犬になってほしい？

「新しい家庭に行ったら、遊び回ったり、普通の犬と同じようになってほしいね。正直、最初の頃はどう扱っていいかわからなかった。シャイな犬との関わり方の本とか読んだりもしたけど、別に目標を掲げたわけでもなく、ただ心を開いてもらえるように努めたんだよ」

ごく普通にあたりまえに生きる。これは簡単なようで難しい。一度路線を外れてしまった、あるいは外されてしまった者たちにとって、軌道修正することは、外れた時の何倍もの努力と時間を要するに違いない。これは人間も犬も同じだろう。

「僕らもここにいる間に、責任を持つということを学んで、出所した時に何かしら成し遂げていかないとならないからね。人として成長して、社会に戻って成功し、社会に貢献する。学べるチャンスを逃したくないんだ。ここに入ったことは最悪だけど、外ではできないことを無償で教わることができる。スキルを得るチャンスがある時に、それを逃さず、できるだけ多くのことを吸収したいんだ」

レキシーのこと、ドッグ・プログラムのこと。それらを話す時のスティーブンは出会った頃よりはるかに前向きだった。ただ、事件のことは、最後まで詳しくは語らなかった。

「すごく胸が痛むから思い出したくないのさ。頭には残ってるけど、それについては自分の中で片づけたことだから、そのままにしておきたい。ほかに考えることがあったら、そっちを考えるよ」

そうぼくらに言っただけだった。ぼくらもその言葉でスティーブンの気持ちがじゅうぶんわかったような気がした。

ジョアンは、

「スティーブンは本当に自信がついたわ。レキシーは、人との信頼関係を結ぶはずの幼い頃に、人間によってひどい虐待を受けてきた。訓練がむずかしい犬だけど、それにスティーブンはチャレンジした。レキシーには安心感を与えなくちゃいけないって、スティーブンはゆっくりと抱っこしてたわ。誰からも言われたわけじゃないのに、彼はそれを感じ取ったの」

とスティーブンの成長ぶりにとても驚いていた。

「この前、レキシーにピンクのコートをあげたんだけど、この年頃の男の子たちは、そんなピンクのコートを着せた犬を連れて散歩するなんて恥ずかしいって思うものなのに、スティーブンはまるで意に介せず散歩してたのよ」

そんなエピソードも話してくれた。

ドッグランの入り口のところでスティーブンがレキシーを呼ぶと、近づいてきて、自分からちょこんと座った。

スティーブンとレキシー。
1ヵ月ですっかりレキシーは
スティーブンに心を許していた。

「おすわりしたぞ！」

スティーブンが声を上げる。そばにいた仲間がからかった。

「自分で覚えたんじゃないか？」

「覚えた」というか、ぼくらにはたまたま座っただけにも見えた。スティーブンもにやっと笑って「そうかもね」と言った。

エピローグ

犬たちとの〝再会〟

〝卒業〟した犬たちは、その後、どんなふうに暮らしているのだろうか。

八月、二回目の取材に訪れた時、ジョアンに、「いま彼らがいちばん望んでいることは何ですか？」という質問をした時だった。彼女は、「自分たちが育てた犬がどうしているか、彼らは知りたがってるわ。クリスマスカードと一緒に犬の写真を送ってくれる里親もいるけれど、何も音沙汰がない人もいるの」と答えた。

犬たちの〝いま〟を彼らに見せてあげたい。それがジョアンの思いだった。その話を聞いて、ぼくらは、里親の元で暮らす犬たちを撮影し、その映像を取材の最後の日に彼らに見せよう、と考えた。

彼らには計画を知られないようにしながら、メンバーたちから、これまで育てたなかで思い入れのある犬を第三候補まで聞きだした。イアンのように十頭以上育てている若者もいる。みんな「うーん」と悩みながらも、三頭を選んでくれた。

ドッグ・プログラムに顔を出す一方で、まずはそれぞれの第一候補から、里親にコンタクトを取り始めた。調べていくと、すでに引っ越しているケースもあったし、あまりに家が遠くてとても訪ねて行けない家族もいた。最終的に、十二軒の家を訪ねる約束を取りつけ、九月、三回目の取材に出かける時に、日本から編集機材一式を携えてきたのだった。近いとはいっても、車で片道二時間ぐらいかかる家が多く、回れたのは一日に二軒ほど。撮影が終わるとホテルに引き返し、編集した。

そして、取材最終日、できあがった〝犬たちのその後〟の映像を持って、ぼくらはいつものようにプーチに顔を出した。


「犬の世話が終わった人たちは、部屋に集まって」

ジョアンが事務室の扉を開けながら声をかけた。しばらくすると、ジェフを先頭にメンバーたちがぞろぞろとやってきた。思い思いにソファや椅子に座る。

ジョアンが彼らの前に立って言う。

「あなたたちは犬が引き取り先の家でどうしているか知らないわよね」

そこでひと呼吸置いた。「ん？　それってどういうこと？」。そんな表情のメンバーたちの顔を見回して、ジョアンが続ける。

「そこでみんなへのサプライズがあります」

場がざわめく。ジェフは髪をなで、アレックスは落ち着かなく体をゆする。不安と期待がないまぜになった様子で顎髭をなでる者もいる。

「じゃあ、始めるわよ」

ジョアンが部屋の電気を落とした。ロール・スクリーンに、ぼくらが取材してきた映像が映し出された。


――隅々にピンク色の花が咲き誇っている広い芝生の上で、犬と遊ぶひとりの女性が映し出される。グレーに白のまだらが混じった大型犬が、女性が持つロープのおもちゃをくわえて顔を左右に振って遊んでいる。イアンが育てたバディだ。

室内のソファに娘とバディと一緒に座った女性は、バディを愛撫しながら、カメラに向かって語りかける。

「この子のおかげで、私たちの人生は変わったわ」

バディは寝そべって娘のひざに体を預けている。

「バディはいつも私を守ってくれて、私は孤独ではなくなったの」

この女性は、夫を亡くして失意の日々を送っていた時に、娘のすすめで犬を飼うことにしたのだと言う。そしてプロジェクト・プーチを訪れ、イアンの犬バディを引き取ったのだ。

食い入るように映像を見つめていたイアンは、表情を変えないまま何度か目をしばたたかせていた。そしてほんの少し口元をゆるませた。

——真っ赤なTシャツを着た白髪の白人の老婦人が、庭にせり出したウッドデッキの上で、黒い大型犬をギュッと抱きしめている。イスラエルが育てた犬サーシィだ。

女性は、ゆっくり顔を上げると、こぼれ落ちそうな笑顔で言った。

「いつもこうして抱きしめているのよ」

犬は女性の顔をペロッと舐める。

そしてカメラに向かって語りかける。

「イスラエル、あなたは本当に素晴らしい仕事をしてくれた。捨て犬だったこの子を愛してくれた！」

映像を見るイスラエルの目はうっすらと潤んでいる。顔からも笑みがこぼれる。

イスラエルは、「将来メキシコに帰って観光業に就くか、カメラマンになるか、もしくは犬を保護する仕事に携わりたいんだ」と以前ぼくらに話していた。

ドッグ・プログラムを通じて「自分が家族にどれだけ愛されているのか気づかされた」と言っていたイスラエル。まさにいま自分の育てた犬も、どれだけ愛されているのか、映像を見ながらそれを実感していたのかもしれない。

——白を基調にした広々としたリビングで茶色い犬が寝そべって父親になでられている。やんちゃそうな二人の男の子がその周りをはしゃいでいた。マイケルの犬が引き取

られた家庭だ。里親となった弁護士の父親が、

「彼らはもう自分の人生を恥じることはない。犬を立派に育てられるちゃんとしたひとりの人間だ」とレンズのこちらにいるメンバーたちに語りかける。

マイケルは、くりくりとした目を見開いてうれしそうだった。


——緑色の木の玄関のドアが開くと、焦げ茶色の短毛の大型犬が飛び出してきた。チャールズの犬、リリィだ。すぐ後ろからはやる犬を押さえるように首輪を持って、ショートカットの金髪の若い白人女性が出てきた。最初に引き取られた里親の家で、壁をかじってしまったために一度戻されてしまったリリィだが、その後、チャールズが訓練をやり直し、別の里親に引き取られていた。新しい家族は、快活そうな笑顔が素敵な女性だった。


芝生の庭に出ると、リリィを前に座らせて女性が自分の顔を指さして言った。

「チャールズに教えてもらった、見つめる動作があるの」

そう言って、おやつを手にもって、リリィと視線を合わせる。「ルック（見て）、ルック」とリリィに声をかけながら、おやつを持った手を横に動かす。でもリリィは、おやつを追いかけることなく、じっと女性の顔を見つめたままだ。

「グッドガール」

ドッグ・プログラムを卒業した犬たちと新しい家族。右上から、イアンの犬バディ、イスラエルの犬サーシィ、マイケルの犬、チャールズの犬リリィ。左上から、スティーブンの犬ハンター、アレックスの犬オレオ、ジェフの犬ジギー。

よくできたわと言わんばかりに、おやつをやり、あご先をなでてやる。リリィが女性を信頼し、慕っている様子が伝わってくる。

右手で頬杖をつきながら映像を見るチャールズは照れ笑いを隠せない。その笑顔がやがて崩れだし、右手の親指でそっと目元を押さえた。


——玄関のガラス張りのドアの向こうで、ドアに向かって歩いてくる犬がいる。一ヵ月前、スティーブンが送り出したハンターだ。ハンターだとわかった瞬間、スティーブンの笑顔が照れたようにはじけた。

「シット（おすわり）」

「ダウン（伏せ）」

母親が声をかけると、ハンターはその指示通りにこなす。スティーブンが一週間かけて覚えさせた「伏せ」もちゃんとできる。

家族みんながハンターを囲むように芝生に座ると、ハンターが前脚を父親の手にかける。そんなハンターをなでながら、母親が言った。

「この子は大切な贈り物をもらったの。『人間を信頼する』という贈り物をね。スティーブンやドッグ・プログラムのメンバーたちからもらったんです」

横に座っていた夫も相槌を打つ。

さっきまで笑顔を浮かべていたスティーブンの顔がいつの間にか真剣な表情になっている。後ろに座った仲間が、「よかったな」と言うように、スティーブンの右肩を軽く二度叩いた。スティーブンはちょっと振り返り、それからまた映像の中のハンターをじっと見つめた。

——黒い毛並みが美しい犬が、芝生の上で、投げられたボールを全速力で取りに行き、口にくわえるとうれしそうに戻ってきた。アレックスの犬、オレオだ。

庭で楽しそうに走り回るオレオ。

「オレオはうちの家族の守護神です」

カメラに向かって、男の子が言う。最初に見学に来た時に一目でオレオを気に入ったという男の子だ。横で赤ちゃんを抱いた母親がディレクターチェアに座り、息子をやさしそうに見守る。かたわらでは父親がオレオの背中をさすっている。オレオは気持ちよさそうに、うれしそうに舌を出す。

オレオの幸せな様子に、アレックスは、腕を組みながら、ときには笑い、ときにはしんみりと映像を眺めていた。笑いながら人差し指で涙をぬぐうマネをしてみたり、おどけていたが、涙がこぼれそうになるのをわざとカモフラージュしているようにも見えた。

──白いクルマのハッチバックが開くと、茶色の短毛の犬が出てきた。赤いネッカチーフを巻いている。ジェフが育てた犬、ジギーだ。

庭の芝生に座って、父親がカメラに向かって語りだした。

「ジェフにはとても感謝しているよ」

後ろでは、寝そべったジギーの横で、二人の兄弟が、思い思いにジギーをなでている。

「借りができたよ。彼に会えてうれしかった。ジェフは特別な子だよ」

父親はそう言葉を続けた。

寝そべって犬用のガムをガシガシするジギーの背中に頭をのせて、やさしくなでる弟。

ジギーの引き取りの時、真っ先に駆けてきて、ジギーに抱きついたあの男の子だ。

ジギーが画面に現れたとたん、食い入るように見入っていたジェフ。ときどき仲間のほうをちらりと見て、小さな笑顔を見せたものの、まなざしは真剣だった。

メンバーたちの心には、それぞれの思い出が浮かんでいたのだろうと思う。上映会が終わったあとも、しばらくは椅子に座ったまま、静かな時が流れていた。ジョアンもまた静かに見守っていた。

椅子から立ち上がってぼくらのところにやってきて、

「サンキュー。どんな様子だったのかもっと詳しく教えてよ」

自分たちが育てた犬が幸せに暮らしている映像を見つめるメンバーたち。
右上から、イアン、イスラエル、マイケル、チャールズ。左上から、スティーブン、アレックス、ジェフ。ときには笑顔を見せながらも、みな食い入るように見入っていた。なかには涙をそっとぬぐうメンバーもいた。

と聞いてくるメンバーも何人かいた。

スティーブンも、ぼくらが事務室から出たあと、ぼくらのところにやってきて、

「ありがとう。うれしかったよ」

と握手を求めてきた。ぼくらもうれしかった。


上映会終了後、庭のベンチに座っていたアレックスに声をかける。

——犬たちを見てどうだった？

「いつもみんなであの犬どうしてるんだろうって話してるから、うれしかったよ。俺たちが与えられる以上のたくさんのことを与えられて、幸せにやってるね。里親の人たちって恵まれた、いい家庭の人が多いから、犬をすごくかわいがって育ててくれてる。俺たちが望むのは本当にこういうことさ」

ジェフもまた、

「すごくよかったよ。ジギーの家も、元気そうな姿も見られたし。プロジェクト・プーチのゲートを出たあとは、二度と会えないもんね。すごくうれしかった」

と喜んでくれた。

メンバーの誰もが犬を飼いたいと思っている。しかし、ここにいる限りそれはかなわない。いつか出所したら、自分も犬を飼えるような生活を送りたい。これまで聞いてき

た彼らの言葉からは、そんな思いがにじんでいた。そして、ドッグ・プログラムを巣立って幸せになった犬たちの姿に、自分たちの「未来」を重ね合わせているように思えた。

実は、八月の取材の時、なんだかみんなの様子がピリピリしているような雰囲気を感じた。聞くと、オレゴン州の刑務所予算が全体的に削減され、マクラーレン青年更生施設もまた、教職員を減らすということが決まったばかりだという。そのため、予定より早く五十人の受刑者がここから成人刑務所へ移るということが発表されたのだ。

青年更生施設は二十五歳まで。その歳をすぎて刑期が残っている場合は、残りの刑期を成人刑務所で務めなければならない。若者ばかりの青年更生施設よりさらにハードな場所だ、と誰もがイメージしている。もちろんみんな行きたくない。いったい誰が成人刑務所に送られることになるのか。二十五歳に手が届きそうで、しかも刑期がまだ何年も残っている若者たちはみな戦々恐々としていたのだった。

スティーブンもその一人だった。二十三歳で、刑期はあと十一年も残っているのだ。いつかは行かなければならない。でもせっかくドッグ・プログラムを始めたばかりだ。犬を育てる楽しさ、自分が変わっていくうれしさも知ったところだ。

「行きたくないよ」

とスティーブンはつぶやいた。

せっかくここで更生して、前向きな希望を持ったばかりだ。更生施設を出る時は、犬と同じように外の世界に出る、そんなふうにできないものなのか。なんともやるせない仕組みだとぼくらもまた気持ちが沈んだ。結局、スティーブンやそのほかの仲間もその五十人に入ることはなかったようだが、この話は彼らの将来を考える時に頭をいつもよぎることとなった。

「人がみな違うように、犬もそれぞれみな違うんだ。トレーニングでも同じ方法がすべての犬に通用するわけじゃない。だから辛抱強く、どの方法がいちばんいいかを探って行かなくちゃいけない。ここに入ってさまざまな知識を得てスキルを身につけた。ここにはいろんな訪問者がやってきて、犬についてあれこれ聞いてくる。いままで話したことのないような人とも話す機会を与えられているから、必然的にほかの人との対話のスキルが身につく。自分が伝えたいことをちゃんと伝えなくちゃならない。これはどんな場面でも役立つよ」

別れ際のインタビューで、スティーブンはドッグ・プログラムの意味をこうぼくらに語ってくれた。刑期はあと、十一年。ここで得た幸せを、成人刑務所に移っても萎えることなく持ち続けて、外の世界に出られるよう、願わずにはいられなかった。

アレックスの刑期もあと十一年。

「ここにくるずっと前は、ドッグ・プログラムに入ってるやつらがしょっちゅう犬の話をしてて、俺はよく『そんな犬ごときに入れ込むなよ。犬なんてただの犬なんだから』ってからかったりしてた。けど、ここに来て、その意味がわかったよ。犬と一緒にいると、犬はだんだん俺のことを信用してくれるようになる。人間でそんなに俺のことを信用してくれる人は多くないけど、犬は違う。犬は俺が犯した罪なんて知らないし、そんなこと気にもしない。言うことをちゃんと聞いてくれて、俺のあとをついてきてくれるのは、気分がいいんだ」

アレックスの心の扉を開けたのは、ジョアンがかつて言ったように、まさに「人」ではなく、「犬」だった。

「人生というのは、自分のことだけじゃなくてそれ以外のこともいっぱいある。世界は自分だけじゃないということがわかった。物事が思い通りにいかなくてもそれを受け入れられるようになった。まったく気にしないということはできないけど、それなりに耐えられるようになったんだ。ここではいろんなことを学びながら、徐々に心も開いていける。それは相手が犬だからだね。今日プロジェクト・プーチのパンフレットをもらったんだけど、そこには再犯をおかす人はいないって書いてあるんだ。そういう話を聞いたり見たりすると、『俺も同じ道を歩んでるんだ』って思う。すごく希望がわいてくるよ。たまに先のことが不安になることがあるけれど、以前ほどはそんなに不安になる必要はないように思えるんだ」

ジェフの刑期はあと四年。何事もなく過ごせば、二十五歳になる前に出所できるはずだ。

「この仕事を手に入れて、三ヵ月間やり遂げられたことをとても誇りに思ってる。最後まできちんとやり遂げられるか、不安になったこともあったからね。誰だって、何かを成し遂げる達成感をもちたいでしょう？　達成したらうれしいし、誇りにも思う。とにかく気持ちいいんだ。人生は悪いことばかりじゃなく、良いこともあるんだってことを学んだよ」

犬を育てて里親に引き渡す、そのゴールがあるからこそ、達成感を得られ、それが自信にもつながる。

「もっと若かった頃は、自分ではちゃんとしてたと思ってた。でもいまから思うといろんなことを客観的に見てなかったし、物事の全体も見ることができてなかった。僕が被害者に与えてしまった苦しみ、トラウマを考えると本当に申し訳ないと思う。彼らは何も悪いことをしていないのに、僕が現れただけで……。何かできることをやりたいとは思うけど、個人的に被害者に何かをしてあげるということはできないから、社会に返していくことで、被害者にも想いが伝わればいいなと思う」

大学にも通い、社会に出てできることをこれから探すんだと言うジェフ。たった三ヵ月足らずでジェフの表情からすっかり幼さが消えていた。

二人の三ヵ月は終わった。犬が人間を変える。それは間違いなかった。でもただ犬を訓練するだけではない。里親に引き取ってもらえる犬に育てるという目標を掲げる。目標に近づくために日々の積み重ねを大切にする。チームでサポートし合う。成果を自信につなげる。そして、一度は捨てられた犬が幸せに卒業していく姿に、自らの希望を重ね合わせる。彼らがこのあと、社会で生きていくための大事なことを、このドッグ・プログラムは教えてくれる。

「人間同士で、人を認めるということを教えるのはむずかしい。でも犬はただ面倒を見てくれるというだけで、彼らを認めてくれるのです」とジョアンが言ったように、〝犬〟だから素直に向き合うことができる。

「このプログラムは幸せにつながっているんだ」

JRが言った言葉が強く印象に残っている。この言葉は、若者たちだけに向けられたものではない。虐待され、捨てられた犬、犬をもらった里親、そしてジョアンたちスタッフ——ドッグ・プログラムに関わったすべての人たちにあてはまるものだった。

ドッグ・プログラムのメンバーに犬たちの幸せそうな映像を見せて、ぼくらの取材の最後の日が終わった。取材に付き合ってくれたメンバーたちにお礼を言い、別れを告げた。もう二度と会うことはないかもしれない。彼らのその後が「幸せにつながる」よう、願うしかない。

帰国してから数ヶ月後に、スティーブン、アレックス、ジェフが順調に訓練を続けていることを聞いた。おびえて縮こまっていたスティーブンの二頭目の犬、レキシーも無事に里親に引き取られたという。スティーブンは、五頭目の犬を訓練し、アレックスは四頭目を訓練中、ジェフは三頭目の犬の訓練を終え、里親探しをしているようだった。

そして、今日も彼らは犬の訓練に精を出しているに違いない。いまはどんな犬を育てているのだろう。

あとがき

人間は「悩む」生き物です。今晩の夕食は何にしようか、という日々の生活から、学校の成績、仕事の出来、恋した相手のこと、はたまた日本の政治状況や経済力の衰えまで自分を取り巻く世界の中で様々なことに悩んで生きています。少なくとも私の周りにいる人間で悩みのない人間はいませんし、だから健全な悩みを、健全に悩むことは人間らしく生きている証なのかもしれません。

しかし私たちには数々の繋がりが結ばれており、人と人との支え合いがあり、それを実感として持てるからこそ、孤独感や憂鬱に苛まれることなく「悩む」ことができるのだと思います。つまり、自分と他者が相互の信頼によって支えられ、心に安らぎがあるから、悩んでいても希望が霞んでしまうことがない、ということです。そうした関係を子どもの頃、最初に与えてくれる存在が「親」でした。

この本に出てくる主人公たちのほとんどが、「親」との繋がりを持てないまま、「悩み」を一人で抱えて生きてきた青年たちでした。「繋がり」という言葉を「愛情」に変えてもいいかもしれません。興味を持ってもらえなかったり、かまってもらえないだけでなく、薬漬けになっていたり、刑務所に入っていたり……日本ではなかなか想像できない境遇で彼らは幼少時代を過ごしてきました。もちろん彼らの犯した罪は許されるものではありません。しかし、話を聞いていくうちに「多くの問題は親にあったのではないか」と思えるほど、彼らには親との繋がり、愛情が欠如しており、心の底では親とのの親からもらえるはずの親から結びつきを何よりも望んでいました。幼い頃、当たり前のようにもらえるはずの親からの愛情。それを二十数年経ち、彼らは犬からもらえたのです。

私は「サチコ」という犬を八年前から飼っています。そしてサチコから、驚くほど多くのものをもらいました。この仕事を始めてから私もたくさん悩み、つらいこともありました。そんな時、サチコのまっすぐに見つめてくる瞳に、喜びを表すひたむきな表情に、どれだけ救われてきたか分かりません。「無条件の愛情」というものが存在するんだ、と初めて感じることができました。そんな想いがあったので、「ドッグ・プログラム」を知った時、間違いなく「犬」の愛情は人間を変えることが出来ると思い、この番組の企画を書き始めました。「所詮、犬だろ」という人がいるかもしれません。でも、目の前で変わっていく彼らを見た時、その可能性を信じることができるのです。

犬たちによって変わり始めた彼らは、この先まだまだ大きな壁に当たっていくと思います。でも、愛情を受ける喜びを知った彼らはもう「自分は一人ではない」ことを知っています。誰かの役に立てることを知っています。だから、おおいに「悩み」、答えを見つけ、壁を乗り越えていける、私はそう思っています。

最後に、この番組は私だけが作ったものではありません。番組趣旨を理解していただき、嫌な顔もせず撮影に付き合ってくれたジョアンさんと刑務所の青年たち。企画成立に向けて何度も助言してくれたＮＨＫエンタープライズの松居径さん。ロケのたびに相談に乗っていただき、夜遅くまで一緒に構成を考えてもらったＮＨＫエンタープライズの日野原直明さんとＮＨＫの中山茂夫さん。撮影の間、様々な面で協力してくれた神山健一郎さんと伊藤加菜子さん。そして三ヵ月間ずっと支えてくれていたプロデューサーの国分禎雄さんとアシスタントの飯笹雅之さん。みんなの力がなければ、この番組が評価を得て、こうして本になるようなことはありませんでした。改めて御礼を申し上げます。本当にありがとうございました。

皆さん、犬を飼ってみたらいかがですか？

「プリズン・ドッグ」ディレクター　東考育

NHK BSドキュメンタリー「プリズン・ドッグ」
●放送記録

初回放送日時◎
50分番組 2009年10月31日(土)23:10～翌0：00
90分番組 2010年3月6日(土)20:30～22:00

スタッフ◎
NHK
制作統括　中山茂夫、日野原直明(NHKエンタープライズ)

テレビマンユニオン
制作統括　国分禎雄
ディレクター　東考育
撮影　神山健一郎、伊藤加菜子
アシスタントディレクター　飯笹雅之、中村典和
海外プロデューサー　津田環
書籍化コーディネーター　富田朋子

音響効果　井田栄司

コーディネーター　進藤智人

語り　松尾スズキ、礒野佑子

取材協力　Maclaren Youth Correctional Facility
Oregon State Correctional Institution
Marion County Dog Shelter
Willamette Humane Society
Mike Riggan
Joan Dalton
宮嵜真優

制作◎NHKエンタープライズ
制作・著作◎NHK、テレビマンユニオン

書名―――――― 僕に生きる力をくれた犬
副書名――――― 青年刑務所ドッグ・プログラムの3ヵ月
著者―――――― NHK BS「プリズン・ドッグ」取材班
編集―――――― 那須ゆかり
ブックデザイン―― 山田信也
カバーデザイン―― 沢辺均
発行―――――― 2011年10月18日［第一版第一刷］
定価―――――― 1,600円+税
発行所――――― ポット出版
150-0001 東京都渋谷区神宮前2-33-18#303
電話 03-3478-1774 ファックス 03-3402-5558
ウェブサイト http://www.pot.co.jp/
電子メールアドレス books@pot.co.jp
郵便振替口座 00110-7-21168 ポット出版
印刷・製本――― シナノ印刷株式会社
ISBN978-4-7808-0170-5 C0036

Prison Dog
by NHK World Documentary
"Prison Dog" crew
Editor : NASU Yukari
Designer : YAMADA Shinya, SAWABE Kin

First published in
Tokyo Japan, Oct. 18, 2011
by Pot Pub. Co. Ltd.

#303 2-33-18 Jingumae Shibuya-ku
Tokyo, 150-0001 JAPAN
E-Mail: books@pot.co.jp
http://www.pot.co.jp/
Postal transfer: 00110-7-21168
ISBN978-4-7808-0170-5 C0036

【書誌情報】
書籍DB●刊行情報
1 データ区分――1
2 ISBN――978-4-7808-0170-5
3 分類コード――0036
4 書名――僕に生きる力をくれた犬
5 書名ヨミ――ボクニイキルチカラヲクレタイヌ
7副書名――青年刑務所ドッグ・プログラムの3ヵ月
13 著者名1――NHK BS「プリズン・ドッグ」取材班
14 種類1――著
15 著者名1読み――エヌエイチケイビーエスプリズンドッグシュザイハン
22 出版年月――201110
23 書店発売日――20111018
24 判型――4-6
25 ページ数――192
27 本体価格――1600
33 出版者――ポット出版
39 取引コード――3795

本文●ラフクリーム琥珀N 四六判・Y・71.5kg（0.130）／スミ（マットインク）
表紙●エコ間伐紙・四六判・T目・160kg／TOYO 10436
カバー・帯●Mr.B オフホワイト・四六判・Y目・110kg／4C／グロスPP
使用書体●游明朝体std M+ITC Garamond 游明朝体 游ゴシック体 Frutiger ITC Garamond PVenice
2011-0101-3.0